RPA革命の衝撃

The Disruptive Impact of
"Robotic Process Automation"

［著］　　［監修］
大角暢之　佐々木俊尚

東洋経済新報社

ＲＰＡは、日本の産業界を救うかもしれない
——まえがきに代えて

佐々木俊尚

ＲＰＡという新語を前に、「またＩＴの新しい流行語か？」と尻込みする人もいそうなので、ここで思いきってわかりやすく説明してみよう。題材に使うのは、ＲＰＡとは直接は関係がない産業用ロボットのお話だ。

「バクスター」というロボットをご存じだろうか。日本でも人気のお掃除ロボット「ルンバ」を開発したロドニー・ブルックスという技術者が、あらたに開発した単純作業用の工場向けロボットである。

産業用ロボットというと、自動車メーカーなどで使われている高性能で精巧な機械を思い浮かべる。人間にはできないような精密な作業を、高速で行えるロボットだ。しかしバ

クスターは、同じ産業用でも全く違う。「精密な作業を高速に」行うのではなく、「粗い作業を低速に」行うロボットなのだ。

たとえばベルトコンベアを流れてきた製品を取り上げて別の箱に移したり、荷物を下ろしたりといった単純作業を、人間と同じようなスピードで行う。そしてこれが肝心なのだが、従来の産業用ロボットのように作業指示のための細かいプログラミングは必要ない。現場にバクスターを立たせ、実際にその場で人間が手を添えて作業をやらせ、腕に配置されているボタンを押すと、その作業をバクスターはその場で覚えてくれるのだ。

おまけに値段も高性能ロボットと比べればずいぶん安価で、2万ドル台。重さも75キロ程度と軽い。これまで工場で単純労働を担ってきた労働者の仕事を代替するようになるだろうといわれている。もちろんこれは「ロボットが仕事を奪う」という厄介な問題も引き起こすのだが、もし仮に労働者不足で生産量が上げられない現場があればどうだろう。人の仕事を奪うのではなく、人の仕事を補完し、仕事を分担し、生産量を上げる一役を担ってくれることになる。

ＲＰＡはこのバクスターを、オフィスでの事務作業に置き換えたものだと考えればわかりやすい。人間の担当者がパソコンに向かい、ウェブブラウザを開いて帳票づくりやデータの移行などのさまざまな作業をすると、ＲＰＡはそのプロセスを全部自動的に記録してくれる。あとはＲＰＡがいつでもこのプロセスを再現してくれるのだ。人間の側は、プロセスの記録に「作業開始」というボタンを用意しておくだけでよい。

ボタンを押すだけで、これまで人間が行っていた細かい作業がすべて自動で行われる。何百通もの申請書の入力も、エクセルの帳票の作成も、すべてＲＰＡがきれいにやってくれるのだ。

シンプルそのものだけど、これは超強力だ。そしてこのシンプルきわまりないＲＰＡは、日本の産業界の大きな問題を解決するかもしれない。

実は日本の生産性の低さは、かなり悲惨な状況にある。ＧＤＰ（国内総生産）は中国には抜かれたとはいえ、世界第３位。いまだ経済大国であるというプライドを持っている人もいるかもしれないが、国民１人あたりのＧＤＰは世界で26位。時間あたりの労働生産性も、21位と低い。人口が多いからなんとか経済大国の面目を保っているが、実はとても効率の悪い働き方をしていて、１人ひとりの富は増えていないということなのだ。この効率をどう高めるかで政府も産業界もずっと頭を悩ましてきたのだが、しかし即効性のある対策などないと思われてきた。

仕事の効率の悪さの原因の多くは、煩雑な事務作業にある。たとえば最近、政府の科学研究費の申請に使われているエクセルの帳票がきわめて入力しにくいということが問題になったことがあった。日本ではエクセルで帳票フォーマットをつくる際に、縦横の罫線をやたらと使うという傾向がある。科研費の帳票ではこの罫線を使って、氏名や項目などを入力する際に、1つのセルに1文字ずつ埋めていかなければならない仕様になっていたのだ。こういう問題は政府のみならずいたるところに散在していている。メールで送られてきた申込書の類を、1つずつバックオフィスに登録したりといった作業が、日本のオフィスには実に多いのである。

日本企業でも従来から、業務をＩＴ化して簡易にしようという努力はされてきていた。ＢＰＲ（Business Process Re-engineering）と呼ばれる取り組みがそうだ。業務の流れを見直して、全体を最適化しましょうというお題目はよかったのだけれど、これを企業が本気で実行に移そうと考えると、大変だった。そもそも日本のオフィスでは標準化された業務が少なくて、やたらとカスタマイズされている。そういうすべての業務フローを見直すというのは、容易ではない。下手をすると組織系統を変えたり、ＩＴのシステムも全面的に入れ替えなければならなくなる。予算も相当に必要で、人的な負担も大きい。

ところがＲＰＡは、業務フローを手直しする必要がない。いま現実にやっている業務を、覚えさせるだけでよいのだ。組織をいじる必要はないし、高価なＩＴシステムを新導入する必要もない。つまりきわめて低コスト、低負担で導入できて、そしてオフィスの業務の生産性をぐっと上げることができるということなのだ。

さらにこの先には、ＲＰＡをＡＩ（人工知能）と連携させることで、人間の第六感を超える価値を業務にプラスすることができるようになるだろう。たとえば受発注の増減や顧客の動向の変化などを、これまではベテランの従業員の「あれ、このお客様の注文が最近変わってきたな」という鋭敏な感覚でみていた。しかしいまはビッグデータをＡＩで分析することによって、もっと精緻な予測を行えるようになってきている。日常業務がＲＰＡによって自動化されることで、ＡＩの分析を組み込むことが可能になるのだ。

煩雑な事務作業は、日本の産業界の負の遺産だった。しかしこの負の遺産が、これからは新たな価値創造になり、生産性の向上だけでなく、新規ビジネスの可能性をも生み出す土壌になっていく。非常に注目すべき新たな方向性である。

目次

RPAは、日本の産業界を救うかもしれない――まえがきに代えて　佐々木俊尚……001

プロローグ……013

第1章　RPAとはなにか？……019

着想は「間接部門へのロボット導入」……020
間接部門の効率化を諦めるのは早い……021
RPAは人間の代行以上に高度な業務を遂行するソフトウェア……022
RPAがもたらす効果はコスト削減以上……023
RPAの3つの段階とその適用領域……025
2025年までには1／3の仕事がRPAに置き換わる?!……028

RPAは企業経営の「人手不足」を解消する最強のツール……030
RPAはこれまでにない変化を起こしていく……031
システム化から取り残されていた業務にこそRPAは力を発揮する……032
破綻に瀕している地方自治体にRPAの導入を……034
なにをもってロボットと定義するか……036
RPAはなぜこれまで活用されてこなかったのか……039
人とロボットが相乗効果を発揮するハイブリッド型のオペレーション……040
RPAは「マイナスのものをゼロ」に引き上げる……041
代行させるロボットを現場でつくり、その運用も現場にまかせていくという発想……043
誰もやらなかったことをやる！……044

第2章 欧米で進むRPA革命最前線……047

海外でのRPAは「バックオフィス・オートメーション」……048
RPA導入で、いままで数日間かかっていた処理時間がわずか数分間に短縮……050
2015年の夏に始まった欧米でのRPAの広がり……052
欧米におけるRPAの3つの方式……054
RPA導入のハードルは低い……056

欧米をはじめとする各国のRPAの特徴……058
日本型RPAの特徴……061
解決できなかった問題を解決するRPA……063
AIやコグニティブとの組み合わせによって進化するRPA……066
RPAが人間の知見を超える日が来る?!……067

第3章 RPAによって企業はどう変わるか

第3章 RPAによって企業はどう変わるか……071
文化を反映するRPAの活用方法……072
RPAとともに生まれる新たな働き方……074
RPA導入後は業務の再配置が必要……075
業務の最適化に従来の方法は通用しない……077
人がやっているすべての作業は、本当に人がやるしかないのか……079
世界が注目し始めた「間接部門」の業務改善・改革……081
仕事を奪うのではなく仕事を創出する……083
いち早くピンとくるのは現場の人間より経営者……084
3年後には一流企業がRPAを導入している……085
コンビニエンスストアのアルバイト店員から店長に……087

ＲＰＡを買う人は効能を買っている …… 089
自社の社員が扱える …… 090
急激に増加するＲＰＡコンサルタント …… 091
導入実績の高い金融業界と低い製造業 …… 093
24時間モニタリングもＲＰＡならお手のもの …… 094
アマゾン１人勝ちの裏にもＲＰＡが …… 095
収益や効率以外の効果が期待できる不動産業界 …… 097
顔認識機能で介護現場の難題を解決 …… 098
手軽さ・気軽さは効能と同じくらい重要 …… 100

第４章　ＲＰＡ導入の実際とポイント …… 101

２０１６年は日本のＲＰＡ元年 …… 102
ＲＰＡ導入のコンセプトとＰｏＣ …… 103
ＲＰＡのスケーラビリティ …… 105
ＲＰＡの普及におけるパートナーの重要性 …… 106
ＲＰＡの定量的な効果をみせる必要がある …… 108
導入前の効果測定はきわめて地道 …… 110

コンサルティングファームでは、ＲＰＡのさまざまな実験が行われている …… 112
成功報酬型のＲＰＡも登場 …… 113
社内の人間にいかにして導入を提案するか …… 115
実施は小規模スタートで …… 117
ニッチな場所を狙う …… 118
従業員の休職時の補完、より高度な仕事に就かせるための補完 …… 120
「ハイブリッド派遣」でより効果的な導入を …… 121
「経験則に基づく現場の直感」を覚えさせる …… 122
人材派遣業に近い形に昇華していくＲＰＡ業界 …… 123
ＲＰＡはいつでも誰でも借りることができるものになる …… 124

第5章 RPA革命で変わる業界――そのケースメソッド …… 127

case 1 RPA導入成功の鍵は徹底した業務の可視化・標準化
◉オリックス株式会社　長澤拓馬氏 …… 128

case 2 日本人の働き方改革の本丸「RPA」
◉キューアンドエーワークス株式会社　池邉竜一氏 …… 143

case 3 「変化への適応」で未来を創る
ソフトバンク株式会社　松井孝之氏 …… 159
case 4 RPAは金融業界に向いている
株式会社三菱東京UFJ銀行　西田良映氏 …… 173
case 5 日本のRPAユーザーの草分けとなった大手金融機関 …… 186

第6章 進化し、活用の場を広げるRPA …… 201
ゲームのテストへの応用が期待される人工知能 …… 202
RPAに認知技術を活用することで、さらなるコストダウンの可能性が高まる …… 203
“ドラえもん”のようなAIエージェントはある意味でRPAの究極の形 …… 204
AIエージェント開発のステップ …… 205
各国がしのぎを削る人工知能研究 …… 209
必要なのは人工知能が皆の幸せになるというモデルケース …… 211
学術研究分野でも活用されるRPA …… 212

RＰＡ活用で明確になった「おもてなし」の驚愕の事実 …… 213
1528軒のホテルの口コミデータ10万880件を数時間で取得 …… 216
サンプリングではなく全データを収集分析することの意義は大きい …… 217

第7章 日本型RPAの未来 …… 221

経営資源が乏しいなかで醸成された独自の信念 …… 222
無人化志向ではなく属人化志向の日本型ＲＰＡ …… 224
モノづくりやＩＴで世界に勝てないなら世界中のいいものを使いこなせ …… 225
ＲＰＡを誰でもいつでもすぐに使える環境を提供 …… 227
個々の特性に合わせた属人的な手法・感覚こそが日本の強み …… 229
日本人の才能をより開花させる原動力 …… 231

刊行に寄せて　経済産業省　佐々木啓介 …… 233

プロローグ

「第4次産業革命」で大きく減る仕事、新たに創出される仕事

２０１６年4月27日に経済産業省の産業構造審議会が発表した「『新産業構造ビジョン』～第４次産業革命をリードする日本の戦略～」中間整理では、ＩｏＴ・ビッグデータ・人工知能（ＡＩ）が産業構造にどう変化をもたらすかを示している。そのなかの「産業構造・就業構造の試算」によると、「我が国産業が海外のプラットフォーマーの下請けに陥ることにより」、「社会課題を解決する新たなサービス付加価値を生み出せず」、「機械・ソフトウェアと競争する、低付加価値・低成長の職業へ労働力が集中」する「現状放置シナリオ」では、２０１５年度に対し２０３０年度は７３５万人の従業者数が減るという。職種別の試算で減少数が多い職業は、「製造・調達」が２６２万人、「バックオフィス」が１４５万人、経営戦略策定や研究開発などの「上流工程」で１３６万人の順である（http://www.meti.go.jp/committee/summary/eic0009/pdf/018_02_00.pdf）。これは２０１５年度の全就業者数６３３４万人のうち１割以上にあたる。

「現状放置シナリオ」に併せて、同中間整理は「変革シナリオ」も示しており、

- 社会課題を解決する新たなサービスを提供し、グローバルに高付加価値・高成長部門を獲得
- 技術革新を活かしたサービスの発展による生産性の向上と労働参加率の増加により労働力人口減少を克服
- 機械・ソフトウェアと共存し、人にしかできない職業に労働力が移動する中で、人々が広く高所得を享受する社会

——を実現することができれば、専門性が高く代替しにくい「サービス」「営業販売」においてそれぞれ179万人・114万人、「上流工程」で96万人、「IT業務」で45万人もの従業員数が増えるとしている。

RPAの進化が新たな労働力を生み出す

ここで、変革シナリオの3つ目に挙げられた「機械・ソフトウェアと共存し、人にしか

できない職業に労働力が移動する」の中核に位置する技術がＲＰＡ（Robotic Process Automation）だと、本書では捉えたい。

ＲＰＡとは、これまでの産業用ロボットやコミュニケーションロボットとは違う部門で稼働するロボット、とくに企業の間接部門（ホワイトカラー）の生産性向上に欠かせないロボット技術をいう。

日本においては、ＲＰＡの知名度はまだ高いとはいえない。しかし、ＲＰＡは、日本の少子高齢化による労働人口の減少を解決し、日本人の働き方を大きく変えるであろうと予測されている。

ここで、ＲＰＡテクノロジーズによるＲＰＡへの取り組みを述べておこう。ＲＰＡへの取り組みは、２００８年、ＲＰＡテクノロジーズの前身であるオープンアソシエイツから始まった。そして２０１０年には、ロボットＢＰＯサービスを国内で初めて提供した。それが「BizRobo!」（ビズロボ）である。

ＲＰＡテクノロジーズでは、「ビズロボ」の導入支援だけでなく、それと同時に、所属するオープンテクノロジーズグループ各社とのコラボレーションロボットの開発も進められている。グループ企業では、ＲＰＡの圧倒的な生産性を活用した事業の取り組みを加速化させている。新規事業に特化したコンサルティングファームを源流とする、同グループならではの取り組みともいえる。

例を挙げると、ＳＥＯの分析・実行を代行する「ＳＥＯロボ」、顧客状況をウォッチングし、失注予測をする「失注予測ロボ」、与信チェック等の監査業務を代行する「監査ロボ」、新規営業の際の事前資料準備や過去の取引状況チェックを代行する「新規営業情報ロボ」等である。

ビズロボを活用することで、これまでの働き方を大きく変える、さまざまなロボットが企画され、プロトタイプが続々生まれているのである。

「ビズロボ」とはホワイトカラーの生産性を革新する、業務を一気通貫で自動化できるソフトウェアロボットのことである。エンドユーザーのオフィスワークを学習し、作業工程をマクロ化することでルーティンな作業を人に代わって実行する。しかし当時まだ「ＲＰＡ」という言葉はなく、それは「ロボットソーシング」や「ロボットアウトソーシングサービス」と呼ばれていた。

ＲＰＡテクノロジーズではこれまで、導入企業１００社に４０００台の「ビズロボ」を提供してきた。と同時に、日本でのＲＰＡの活用を促進するべく啓蒙活動も展開してきた。その一環として2016年7月に設立したのが「一般社団法人日本RPA協会」である。これからは、同協会の活動を通じて、RPA市場の活性・拡大を積極的に進めながら、さまざまな業界の専門会社と有機的につながり、ともにイノベーションを起こしていきたいと考えている。

近い将来、RPAはルールエンジンとAIや機械学習などの認知技術を活用することで、人間だけが対応可能と想定されていた作業や、より高度な作業も代行できるように進化するだろう。すでに、ロボットは人に変わる新たな労働力として産業を支える存在になっている。

また、コスト削減や品質・生産性向上の一環として行われていたアウトソーシング、シェアードサービス、IT導入の取り組みを大幅に進化させる新しい補完技術としても大いに期待できる。その影響は、将来的には全世界の事務処理業務の3分の1がRPAに代替されるという予測もあるほどだ。

詳しくは本文に譲るとして、「第4次産業革命」の波は予想を上回るすごいスピードで世界に押し寄せている。同時にRPAも急速に普及しており、とくに欧米ではカンファレンスで紹介される導入事例が名だたるグローバル企業の注目を集めている。

では、今後のRPAの市場規模はどのようになるだろうか。アメリカの調査会社Transparency Market Researchによると、グローバルのRPAのソフトウェア市場規模は2020年で50億ドル、国内のRPAのソフトウェア市場規模は500億円と推計される。

RPAはソフトウェアだけにとどまらず、ルールエンジンやAI、機械学習等を含む認知技術を活用した新しい労働力を創出するデジタルレイバーなので、対象市場はBPO（Business Process Outsourcing）市場等まで広がり、2020年には日本国内で5000億円以上までの拡大が見込まれる。

また別の調査もある。マッキンゼー・アンド・カンパニーの報告書をもとに試算すると、この先2025年にかけて、AIとロボティックス関連のテクノロジーが成長することによって、およそ50兆ドルの価値の創出が見込まれる。

*

今回、本書を通して読者の皆様にRPAへの理解を深めていただくことで、将来の課題を解決する糸口を見出してもらえれば喜びとするところである。

Robotic
Process
Automation

第1章

RPA
（ロボティック・プロセス・オートメーション）
とはなにか？

着想は「間接部門へのロボット導入」

日本企業におけるロボットの導入は早く、企業に利益をもたらす生産現場の直接部門から進められていった。第2次世界大戦後すぐに、工場の生産工程の自動化・高速化・高度化をはかるファクトリーオートメーションが導入された。これはまさに機械が人を「代行」して生産する技術だ。その結果、日本の生産管理や品質管理は世界トップレベルとなり、なかでも生産現場で使われる製造装置や産業ロボットは世界をリードするまでになった。生産工程にロボットを導入し活用したことこそが、戦後すべてを失った日本が、1980年代には世界有数の経済大国として台頭することができた大きな要因であった。

では、間接部門へのロボット導入はどうだったのだろうか。オフィスワークにまず導入されたのは情報システム（IT）である。しかし、それ以外に人の作業を「代行」する技術がオフィスに導入されることはなかった。

それはなぜなのか――。

ここが私の「RPAの着想」であり、日本RPA協会を設立した原点でもあった。

間接部門の効率化を諦めるのは早い

オフィスワークで使用するアプリケーションにはマイクロソフト「ワード」や「エクセル」に代表されるさまざまなソフトウェアがあるが、それを操作し作業するのは常に人間である。この人間の操作・作業を自動化するアプリケーションを開発すれば、情報システム同様、作業効率を格段に向上させることができる。

それはわかっている。だとしても、ＲＯＩ（投資対効果）を考えると、開発を見合わせるという企業は少なくない。そしてその場合、業務量の増加のしわ寄せは、当然、人間側の負担になっていく。

では、自動化のアプリケーションを開発せずにこの問題を解決するとしたらどのような方法があるだろうか。「派遣社員を雇うか」「オフショアに出すか」くらいであろう。コストは低く抑えられても結局は、人件費やコンプライアンスの問題は残され、その結果、どの企業も、ルーティン業務のような間接部門の効率化に手をつけるのは諦めざるを得ない、というのが実情である。

そういう多くの企業にこそ、ＲＰＡ（Robotic Process Automation）がきわめて有意に機能するのである。

RPAは人間の代行以上に高度な業務を遂行するソフトウェア

RPAとは、これまで人間のみが対応可能だと理解されていた作業を代行する、またそれより高度な作業を遂行するソフトウェアである。

RPAと既存の情報システムとはどこが決定的に違うのか。それは情報システムが「作業者のサポート」であるのに対して、RPAは「作業者そのもの」である点にある。人間の相補かそれ以上の業務を遂行できることから、企業や組織での「デジタルレイバー(Digital Labor：仮想知的労働者)」とも呼ばれている。

このRPA（デジタルレイバー）は、「ロボティック」という言葉から連想される「機械式のロボット」ではない。工場でロボットが製品の組み立てやパッケージングをするように、企業の人事、経理財務、調達、営業事務など、「人間にしかできないと思われていた業務」を人間に代わって行う。

そればかりか、ルールエンジンやAI（人工知能）、機械学習等を含む認知技術を活用することで、従来は人の操作が逐一必要だったトランザクション処理（複数の処理や操作を1つの処理単位にまとめること）やデータ操作、他のシステムとの連携処理の多くまで自動化することができる。これが「RPAが人間以上のより高度な業務を遂行できる」の意味するところである。

しかも、RPAは人のように既存の情報システムやネットワークを使うため、大規模なシステム導入やプログラムの修正・変更は伴わない。さらに、こうしたソフトウェア・ロボットはノンプログラミングで容易に構築できるため、短期間かつ低コストで導入できる点も大きな特徴となっている。

RPAがもたらす効果はコスト削減以上

ルーティン業務については、これまでもオフショアBPO（Business Process Outsourcing：企業がコアビジネス以外の業務プロセスの一部を、海外の専門業者に委託すること）やシェアードサービスセンター（SSC：グループ企業内で個々の企業に置かれている人事や経理、総務などの共通業務を集中管理している事業部や子会社）の導入などによりコスト削減がはかられてきた。

しかし昨今は、委託先であるインドや中国の人件費が高騰し、コスト削減効果は望みにくくなってきている。また、ＳＳＣに集約することができず、社員の手作業による業務もまだ驚くほど多い。そうした業務にこそＲＰＡを導入すべき領域であり、そうすることで人件費と労働時間は大幅に節約されることになる。しかも、従来はデータ処理を担当させていた人員を、より高度な他の業務に割り当てられるようになることで、副次的な利益も期待できる。人材の有効活用である。

さらに、忘れてはならないＲＰＡの最大のメリットである、

- **あらゆる労務問題の解決**
- **業務品質の向上**
- **業務スピードの向上**
- **業務変更への対応が容易**

――といったことが可能であることから、コスト面以外の導入効果もきわめて大きい。

たとえば、グローバル経営コンサルタント企業であるＤＴＣ（デロイト・トーマツ・コ

ンサルティング）は、2016年、バックオフィスの一部業務でRPAの導入・実証を行った。具体的にはプロジェクト案件の受注以降の「契約管理業務におけるメールの受信確認」「ファイルのダウンロード」「ファイル編集」「ファイルのアップロード」「連絡メールの送信」という5つの業務プロセスをRPAに代行させた。

その結果はどうであったのか。

周辺の業務プロセスの工数削減効果とも合わせると、全体の2割強のコストが削減できたという。同社の研究報告「ロボットの到来」によれば、RPAの導入と展開は「従来のオフショアBPOよりもはるかにコスト削減効果が大きい」としている。

RPAの3つの段階とその適用領域

「認知技術を活用したRPAというデジタルレイバーの出現は、過去1世紀にわたるイノベーションの歴史のなかで革新的な出来事の1つだ」と語るのはKPMGコンサルティングのパートナー田中淳一氏である。

氏はまた、「RPAは搭載された技術とその機能により、『巨大マクロ』ともいえる定型事務処理の自動化型と、認知技術ならではの高度な知的処理を活かした自動化型とがあり、それぞれで適用領域が大きく違う」ともいう。

田中氏は、これらの段階（クラス）を3つに分類し、それぞれの適用領域を示している。

クラス1：既存技術を統合活用した定型作業の自動化

プロセスおよびルールが固定となっている定型作業のうち、いままでなんらかの制約があって人間が作業していた業務でも、「ルールエンジン」や「ワークフロー」「画面認識技術」などにより自動化される。しかし、例外対応や非定型業務に関しては人間の介在が必要となる。

クラス2：一部の学習機能および非構造化情報処理による一部非定型業務の自動化

データ分析に基づく学習および非構造化情報処理が一定程度で実現されることによってRPAは次の段階に移行し、例外対応や非定型業務の一部も自動化対応へと進化を遂げる。これにより人間はプロセス改善や意思決定などの高度な業務に集中できるようになる。

RPAの段階と主な適用領域

RPAには3つの段階（Class）があります。現在は効果を創出しているのはClass1が主流ですが、Class1でも大きなインパクトがあります。

	Class 1（定型業務の自動化）	Class 2（一部非定型業務の自動化）	Class 3（高度な自律化）
特徴	● 人間が実施していた定型業務を自動化 ● しかし例外対応等は人間が必要	● 例外対応や非定型業務の自動化 ● ディープラーニング ● 非構造化情報（自然言語等）	● 高度な人工知能により、作業の自動化のみならず、プロセスの分析・改善、意思決定まで自動化
主な適用対象	■ 情報の取得（構造化情報） ■ 入力作業 ■ 検証作業 ■ 複数システムへのログイン　等	■ 情報の取得（非構造化情報） ■ 知識ベースを活用した問合せに対する回答 ■ 人の介在によるアナリティクス　等	■ 意思決定 ■ 複雑な処理 ■ 高度なアナリティクス　等
技術イメージ	縦横無尽にシステムを超えた処理ができる **「巨大マクロ」** ・BizRobo! ・Blue Prism ・Automation Anywhere ・Ui Path ・openspan	➕**「コグニティブAI」** ・IBM Watson ・IPsoft ・Google TensorFlow	➕**「強いAI+自律AI」**

出典：KPMG Insight Vol.17（March 2016）：仮想知的労働者（Digital Labor・RPA）が変える企業オペレーションとホワイトカラーのあり方、KPMGコンサルティング株式会社

クラス３：高度な自律化

この段階になると高度なＡＩが出現し、作業の自動化のみならず、業務プロセスの分析・改善・意思決定まで自動化される。

2025年までには1／3の仕事がRPAに置き換わる?!

現在のＲＰＡは「クラス１」の段階にあり、ＲＰＡが代行できるのは定型業務までである。技術イメージとしては、システムを超えた処理が縦横無尽にできる「巨大マクロ」を想像すればよいだろう。

しかし、前述したように「例外対応」などには人間の介在が必要となる。したがって、「代行」対象は、「情報の取得（構造化情報）」や「条件判断」、エクセルファイルやＥＲＰ（Enterprise Resource Planning：統合業務パッケージ）システムなどへの「入力作業」「複数システムへのログイン」「検証、突合、承認」など、一定のルールのもとで実施する、文字どおり定型作業となる。

現時点ではすでに「クラス2」レベルの実験も始まっている。「情報の取得（非構造化情報）」「知識ベースを活用した問い合わせに対する回答」「人の介在によるアナリティクス」などが適用対象である。

技術イメージとしては、RPAは、「検知技術（画像認識）」＋「認知技術（AI）」＋「マクロ技術（ルールエンジンなど）」である。これが商用化され普及するのはおそらく1〜2年先であろう。価格が数億円と高価であるため、すでに商用化されているツールも現にあるが、普及するにはもう少し時間が必要である。

そして「クラス3」では、自らが意思決定し、複雑な処理も実行する「自律AI」がいよいよ登場してくる。

ただし、クラス3はAIの進化によるところも大きいため、実現はかなり先になるとみられる。

現在の予測では、2025年までに全世界で1億人以上の知的労働者、もしくは1／3の仕事がRPAに置き換わるといわれている。その頃には、企業におけるホワイトカラーの業務もかなり変わっているであろう。定型業務を処理する人は、ゼロにはならないまでも非常に少なくなっているに違いない。

RPAは企業経営の「人手不足」を解消する最強のツール

シェアリングエコノミーに向かいつつある現代においては、「シェアするというトレンド」のなかでさまざまな再構築が起こりつつある。それはRPAも同様だ。RPAはデジタルレイバー、すなわち、仮想知的労働者であるため、人材派遣業と非常に似ている。

その意味でいえば、RPAへの参入は、「委託・受託」型のビジネスだけでなく、エンドユーザーやベンダーがそれぞれの垣根を越え、業界も超えた「RPAのプラットフォーム」のようなものもつくれるのではないかと考えている。

最近のRPAは、ヒューマンリソース（人間を単なる労働力としてではなく、企業の資源であるという考え方。人的資源）として捉えられるケースが多くなった。それはまさにヒューマンリソースのマネジメントにRPAを活用しようという動きにほかならない。1つのイメージでいえば、業務プロセスのマネジメントにおいて、人間のクラウドソーシングにRPAを組み合わせるような新しい形のオペレーションが生まれるのではないかと感じている。

人材派遣は非常にコモディティな世界で、それはRPAの要素とも共通する。もしかするとＲＰＡは、人材派遣や人事管理の分野を大きく変貌させるかもしれない。また、日本が現在直面している少子高齢化による労働力不足はもはや看過できない状態にまで進んでいる。その面においてもＲＰＡは、企業経営の「人手不足」を解消する最強のツールになる可能性は大きい。

ＲＰＡはこれまでにない変化を起こしていく

ＲＰＡによる変革は、人々の暮らしや仕事、企業や地域、ひいては国に対しても大きな影響を与えることは間違いない。いまの段階ではまだそこまでの変革をイメージできないかもしれないが、数年後には、ルーティン業務をＲＰＡにまかせることで、日本人ホワイトカラーの約半分の仕事を激変させるであろう。

ルーティン業務からの解放は、「考える」ということの大事さを我々に気づかせるだろう。そして、自由に発想することにより、さまざまなアイディアが多くの人からもたらされるようになるかもしれない。それは、日本人の才能をより開花させる契機といってもいい。

そういう人々が増えれば、社会全体も几帳面な堅苦しさから、もう少し開けた空気へと変化していくに違いない。人々の暮らし・仕事・企業・地域、そして国のすべてにおいて、これまでにない変化が起こっていくことが、私は「ＲＰＡ革命」であると思っている。

システム化から取り残されていた業務にこそＲＰＡは力を発揮する

企業が稟議をするときには、投資対効果をまず優先的に考える。投資対効果がないと考えられるものには、予算がつきにくいのが通例だ。

情報システム部が経営に起案する場合、一般的には予算が獲得できそうな業務を選ぶ。ところが前述したように、ＲＰＡを導入して効果が得られるのは、そもそもこうした稟議の俎上にも載せられなかったような、「現場がシステム化を断念していた」業務に多い。

すでにＲＰＡとして「BizRobo!」（以下、ビズロボ）を導入しているユーザー企業から聞いた話として、社内で次のＲＰＡ導入提案を募ると、社員からアイディアが「噴き出してくる」という。それはまるで、これまで投資対効果に阻まれて脇に追いやられていた業務がわらわらと浮上して、その存在を現してくるかのようだ。私はこれが日本企業の特徴であると感じている。

日本企業の場合、現場の社員が業務を主導して工夫を凝らす傾向が強い。それだけに営業やマーケティング部門にはさまざまなアイディアが蓄積されているのだが、稟議が通る以前に、その俎上にすら載せてもらえないためアイディア実現を諦めている現場が多い。

いま述べたユーザー企業のRPA導入提案の話は、この「諦められていたアイディア」がRPAによって表舞台に出されたといってよいだろう。この例にならえば、RPAの導入と活用によって、企業のなかにはこれまでにない面白いことが実現できることとなろう。

個人的には、RPAの普及によって、最終的に「給料は同じままだが、労働時間が半分」にならないかをめざしている。すなわち、既成の労働観念から解放されるということである。

たとえば地方銀行は、個別にシステムを構築するのではなく、共同で構築したシステムを共有化している。それと同じようにRPAも中小規模の企業が格安で使えるようなしくみや、業界ごとにテンプレートをつくり、それをクラウドのような形でサービス提供する方法も増えていくのではないか。こうしたノウハウが蓄積していくと、RPA全体の品質は高まっていく。

破綻に瀕している地方自治体にRPAの導入を

そして今後、日本が人口減少や経済縮小に陥ったとしても、人の働き方を変えるRPAを活用することで、衰退ではなく、安定感のある規模縮小に変えていけると思っている。

たとえば地方自治体である。人口が1万3000人を割ったら自治体は財政破綻するといわれている。実際、東京の一極集中との表裏一体で、地方は人口流出による過疎化が進行している。2040年時点で人口が1万人を割ると予想されている523の自治体は消滅する可能性が大きいとさえいわれている。にもかかわらず、いまのところ打つ手がなにもない。

これまでは平均寿命の延びが少子化と人口減を覆い隠してきたが、2040年頃にはいよいよ高齢者も減少し始める。そうなると、高齢者の消費をあてにしていた地域経済は成り立たなくなる。そしてさらに若者が仕事を求めて都会に流出し、地方の人口減少のスピードが加速する悪循環が起こるといわれている。

とくに次世代を出産する20~30代の女性の流出は痛手となる。出産適齢期の女性が現在の半数以下になった自治体は、残った女性の合計特殊出生率が改善しても人口が減り続け

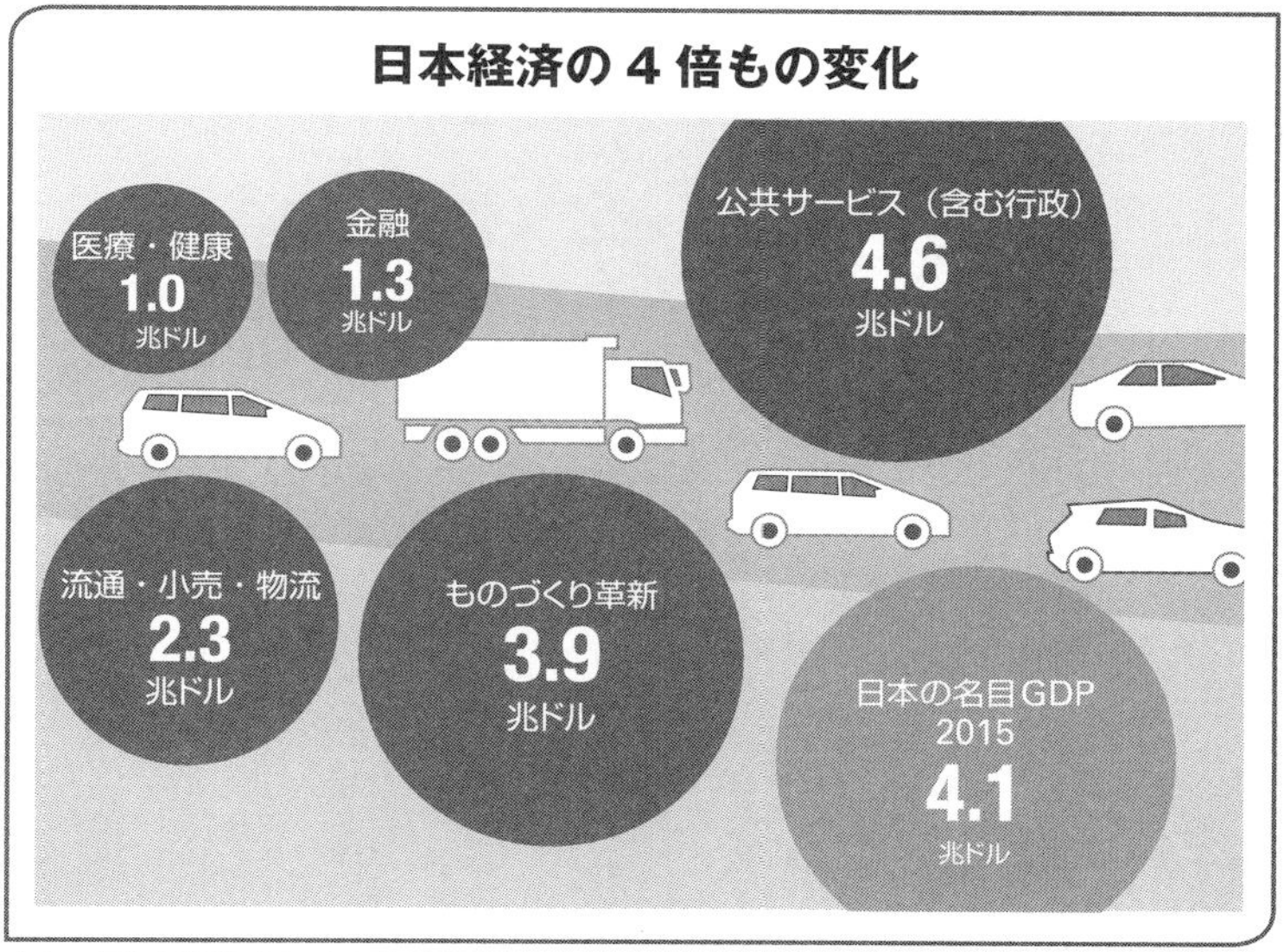

出典：経済産業省「第4次産業革命 -日本がリードする戦略-」60秒解説
http://www.meti.go.jp/main/60sec/2016/20160729001.html

る。そしてその先に待ち受けているのは「消滅」だというのである。

先の見通しにくいこの自治体問題に対しても、RPAを導入することによって当面はしのいでいけるはずである。むろん、本質的には人口減少の著しい市町村は統合や合併により、自治のしくみそのものを変えていく必要はあるだろうが、RPAの導入で、現状のままを10年間維持し、その期間を抜本的な対策の準備に充てる。

企業の情報システムも同様で、標準化や新たなシステムのしくみづくりは必至である。ただ、それを構築するまでの5年間を現行システムでつなぐためのツールとして、ＲＰＡはかなり効果を発揮する。

また、経済産業省の報告書によれば、第４次産業革命戦略で「人工知能やＩｏＴによるトータルの経済価値は、日本経済の４倍もの規模になるとの試算がある」としている。日本のＧＤＰは４・１兆ドルだが、これに対して、たとえばものづくりの分野では３・９兆ドルの変化が起きる。ここにもＲＰＡは効果を発揮するだろう。

なにをもってロボットと定義するか

ＲＰＡに初めて接した人のなかには、ときどきＲＰＡを、「ロボットではなく単なる『マクロ』ではないか」とか「ただのソフトウェアではないか」という人がいる。ここで確認しておきたいのは、「なにをもってロボットと定義するのか」である。

「ビズロボ」は、Ｗｅｂブラウザに向かって人間が一度作業をすると、そのプロセスを自動的に記録する。すると、「作業を記録したロボットファイル」に「作業指示（スケジュール起動・ボタン起動）」をすることによりロボットが作業の代行を始める。たったそれだけのシンプルな機能だが、その効果は絶大である。

したがって、基本的には業務プロセスの改善であるBPR（Business Process Re-engineering：ビジネスプロセス・リエンジニアリング＝企業活動の目標〈売り上げ、収益率など〉を達成するために、既存の業務内容や業務フロー、組織構造、ビジネスルールを全面的に見直し、再設計すること）もシステム変更も必要ない。

約10数分間、見本作業をすれば、「ビズロボ」はすぐに人の作業を代行するようになる。それがRPAのインパクトである。したがって、RPAが解決する最大の課題はヒューマンリソースだといえるだろう。

RPAの「オートメーション」の意味についても触れておこう。

RPAは、業務を一気通貫で自動化するソリューションだが、その本質的な価値は「代行」にある。これを「ロボット」と定義する意味はなぜか。

1つには、効能からRPAを定義すると、「人間がいまやっている作業をそのまま、なにも変えずに代行できること」であり、そしてこれが「日本型RPAの定義」だと私は考えている。

2つには、人間とは比較できないほど高いパフォーマンスを発揮することである。たとえば人が1時間かかる仕事をRPAは約10秒で完了する。しかもミスはゼロである。また、ロボットとはいえ単にファイルなので、プラットフォームのコストを除けばその原価は電気代のみでしかない。

私がコンサルティング時代に苦しんだことに、「リードタイム」「品質」「コスト」という、互いに大きく影響し合う3つの要素を最適化することがあった。「リードタイム」を短くするために人を増やすと「コスト」が増える。しかし「コスト」を下げるために人を減らすと「リードタイム」は増え、「品質」は落ちる。そこで「品質」を上げるためにていねいに作業すると今度は「リードタイム」が増加するのだ。まさに「あちらを立てればこちらが立たず」の状態になってしまう。

ところがロボットだと、1台で人の180倍や200倍のオプティマイゼーション（最適化）を実現する。しかも、人間の作業は1か月8時間×5日×4週でしかないが、ロボットは24時間365日作業を継続する。

少子高齢化により生産労働人口が今後ますます減少していくなかで、誰もその解決策を示すことができなかった。この相反する課題を一気に解決するのがRPAであり、経済産業省がRPAを、生産労働人口減少の解決策の中心技術として推し進める最大の理由もそこにある。ロボットを活用すれば、新たに人を採用する必要がないため、採用コストや育成期間も必要なく、退社もない。しかも無限に「採用」できる。

RPAはなぜこれまで活用されてこなかったのか

さらには、1つのKPI（Key Performance Indicators：重要業績評価指標）の効率化にとどまらず、あらゆるKPIが一気に最適化され、かつ共創になりうるという点もRPAの本質であると捉えている。このRPAの本質は、理解できる人にとっては「目からウロコ」であるが、同時に、これまでなぜ活用されてこなかったのかという疑問も浮かぶようである。

RPAには弱点らしい弱点はないのだが、その代わりに、ロボットをつくる方法論と人材が不足しているということがその答えである。

かつての電算機時代には、システム開発論はなかった。私がアンダーセン・コンサルティングに入社した頃、C言語の開発を担当した。いまでこそ、「ウォーターフォール型」や「アジャイル型」などの開発手法が確立されているが、当時そのような手法はなかった。同じようにかつてロボットをつくりすぎて、ロボット同士が干渉し合い、論理エラーを起こすという問題が生じることもあった。しかし、私はそれでよいと思った。そのような事象は、新しい価値がエマージェンス（出現）するときによく似ているからにほかならない。

ただ国内外でＲＰＡが普及し、またその効果に期待が集まるなかでは、「ＲＰＡの方法論」を確立していく時期が来たと感じており、また、ＲＰＡエンジニアの資格制度をつくってほしいという要望も高まってきている。日本ＲＰＡ協会を設立したきっかけもそこにある。そのため現在、私は中国・大連のソフトウェア企業と組み、ＲＰＡ人材のエンジニアを１００人規模で養成している。

人とロボットが相乗効果を発揮するハイブリッド型のオペレーション

一方で、人材派遣会社においては、人とＲＰＡのロボットをセットで派遣する「ハイブリッド派遣」と呼ばれるサービスも生まれている。人材派遣は通常「人＋ＩＴ」だが、ハイブリッド派遣は、ロボットをつくれる派遣要員がツールとともに派遣先に行くというものだ。

人材派遣とともにＲＰＡを導入することで、効果が何倍にも上がる。またその際に生じた論理エラーには人間が対応するものの、そのエラーパターンをロボットに覚え込ませることでエラーの解決をはかることができる。人とロボットとが相乗効果を発揮する、まさにハイブリッド型のオペレーションである。

このように、ＲＰＡは企業のアイディア次第でさまざまな活用が可能である。とくに日本における活用範囲は広い。なかでも日本型ＲＰＡは、ＩＴ活用というよりも人材派遣による効用や営業に感覚が近い。私は「人を減らさず代行させる」という考え方が日本型ＲＰＡの基本路線だと考えている。

また、ユーザー企業のなかには、「ビズロボ」を見た瞬間に「ロボットを入社させる」という発想を抱き、実際にそれを現実のものとしてしまった会社もある。ソフトウェア・ロボットを人的に扱うということも日本型ＲＰＡの１つの雛形だと思う。

ＲＰＡは「マイナスのものをゼロ」に引き上げる

これまでのアプリケーションやＩＴは、「新しい概念、新しい機能を現在あるものに取り入れていく」ということだった。一方、ＲＰＡは、現在のビジネス環境において、「システム化できないため、人による解決策しかなく、これ以上の業務改善が不可能な状態に陥っている」問題を解決するものである。その意味で、本質的には「新しいもの」ではない。

ＲＰＡを導入しなくてもビジネスは成り立つが、問題点は解決できないままというだけである。つまり、ＲＰＡは「マイナスのものをゼロ」に引き上げることができることが、その最大の特徴だともいえる。

ＲＰＡテクノロジーズではこれまで、社員の業務をマクロ化し、それをＲＰＡに代行させることで、日本での課題となっている人手不足の解決をはかるという啓蒙活動を行ってきた。当初、ＲＰＡの認知度が低く、そのしくみについての理解が得られることも困難だった。それは、治らないと思っていたガンが「これで治ります」というぐらいの怪しさがあったのかもしれない。

さらにＲＰＡは、システム化しなくてもノンプログラミングで導入でき、社員の操作を覚えて、その業務を代行するのだと説明しても、すぐには信じてもらえなかった。

その原因はすべて、システム導入予算に対するＲＯＩの稟議のせいである。システム構築予算には経営の中枢となる重要なシステム案件が優先されるため、間接部門の業務のシステム化は、そのほとんどが実行されることなく消えていく。情報システム部門にとっても、ユーザー部門と打ち合わせをしてその要望を聞き、システムを構築するかしないかの会話を延々続けたあげく、結果として断ることばかりになる。

投資対効果があるもののなかで、どれを「優先するか」を常に比較して、結果として、ユーザー部門の要望を切っていくことが仕事になってしまうと社内には軋轢が生まれる。それはもはや不毛以外の何物でもない。この不毛な発想を終わらせたいと思ったのが、私がロボットに関わるきっかけでもあった。

代行させるロボットを現場でつくり、その運用も現場にまかせていくという発想

そこで考えたのが、ＥＵＣ（End User Computing：企業などで情報システムを利用して現場で業務を行う従業員やユーザー部門が、自らシステムやソフトウェアの開発・構築や運用・管理に携わること）である。２日間で50人ぐらいが研修を受け、片っ端から現場でロボットをつくり、社内に導入していこうという計画であった。

現在、企業向けのシステムには１００近くのサブシステムがあり、事務のルーティン業務とは、それらを使ってコンピュータのキーボードを叩く作業となっている。私のＲＰＡの考え方は、それを代行させるロボットを現場でつくり、その運用も現場にまかせていくというものであった。であるならば、会社も社員もお互いにWin-Winの関係になる。企業内は、時間もエネルギーも限界が来ているところは多い。だとしたらシステムの仕様変更

を要求する人が、自らロボットをつくればよいではないかという発想である。

たとえばエクセルを使い勘定系のシステム上で作業している場合、その行ったり来たりの動作は、「ビズロボ」によって記録され、自動的にマクロができあがる。一方で、ロボットが働く「ロボサーバー」に開発を制御するロボットをあげてスケジュール予約をしておけば、管理も簡単にできる。ここでは、常時５００のロボットが動いている。これなら、経営企画、営業推進、契約管理、保全など会社内の部署ならどこでも管理が可能になる――そんなイメージである。

帳票づくりなど、これまで人が手作業で行ってきた単純作業やルーティン業務は、社内の生産性向上をめざすうえで、大きなネックになっていた。ところが、それらのシステム化には長い時間と多額のコストがかかる。そのためこれらの作業は、社内稟議のＲＯＩの壁を越えられずシステム化できずにいた。その問題を「ロボットに代行させる」という発想に切り替えて解決する。これが日本型ＲＰＡの考え方である。

誰もやらなかったことをやる！

たとえば、通常の申し込み系の受注システムを新たにつくるとする。こうしたサブシステムの場合、たいてい既存のシステムと連携させる。しかしデータを密連携するだけで、多くのコストがかかる場合もある。そういうことであるなら、これはやめるべきである。システムレベルで連携させるだけに多くのコストがかかるようなサブシステムはつくらずに、動作そのものをロボットに代行させればよい。しかもそれを実装するのに1日もかからないのだから。

あるいは、ふだんはそうした業務はないのだが、変更作業がいきなり200件きて、これを2日以内に完了しなければならない、といった案件があった場合、こんなイレギュラーな案件をシステム化することはまず無理である。

とはいえ、一時的な臨時人員を雇うこともできないならば、作業に当たる社員の負担は大きすぎる。

しかしロボットであれば、こうした予測不能で急を要する作業が発生したときだけ作動させることもできる。しかも人手不足を補うだけでなく、人間よりも正確に、かつスピーディに作業を実行する。

それをいままで誰もやらなかった。いや、システムをつくらずロボットを使う試みもあったが、利益が上がらずSIer（システムインテグレーター）が手がけなかった、それを日本で唯一始めたのがＲＰＡテクノロジーズだったのである。

ここにきて、ＲＰＡが注目されるとともに参入企業も増えている。これを受けた日本ＲＰＡ協会の活動は、今後、これを産業として育てていくという考えのもと、経済産業省やコンサルティング会社、金融業界などの企業とともにＲＰＡ普及の基盤となるようめざしていくつもりである。

ＲＰＡの増殖は始まったばかりである。その定義も提供する企業やコンサルティング会社によってまちまちでいまだに標準もない。ロボット開発の人材も足りないし、それ以上にエンドユーザーの認知度がまだ低い。しかし、このＲＰＡの流れが止められないことだけは確実である。

Robotic
Process
Automation

第2章

欧米で進む RPA革命最前線

海外でのＲＰＡは「バックオフィス・オートメーション」

「ドイツで開催されたＲＰＡに関するカンファレンスでは、ＢＭＷをはじめとするヨーロッパの世界的な大手企業の参加者で溢れていた。高額な参加費用にもかかわらず、まだ新しいＲＰＡの情報収集に１００人程度の参加者が集まり、その期待も大きなものと感じた。今後大きな盛り上がりをみせる分野と確信した」

と語るのは、オープンアソシエイツＵＳＡのＣＥＯで、シリコンバレーにてベンチャーキャピタルを運営する山根大氏である。

ＲＰＡの波は２０１５年からアメリカやヨーロッパに押し寄せている。すでにＲＰＡはバズワード（流行の言葉。ＩＴ分野で使われる）としても大いに注目され、「スタートアップ（新ビジネスモデル）」や「ＡＩ（人工知能）」ほど規模は大きくないものの、アメリカやヨーロッパでは昨年からＲＰＡに関するカンファレンスが盛り上がりをみせている。

その内容は多彩で、ＲＰＡだけもあれば、ＲＰＡと人工知能を関連づけたもの、また、エンタープライズＲＰＡソフトウェアを提供しているBlue Prism（ブループリズム）のような企業が開催する、ＲＰＡユーザー同士が情報を交換し合うフォーラムなどもある。

なぜ企業はRPAへの関心を高めているのか

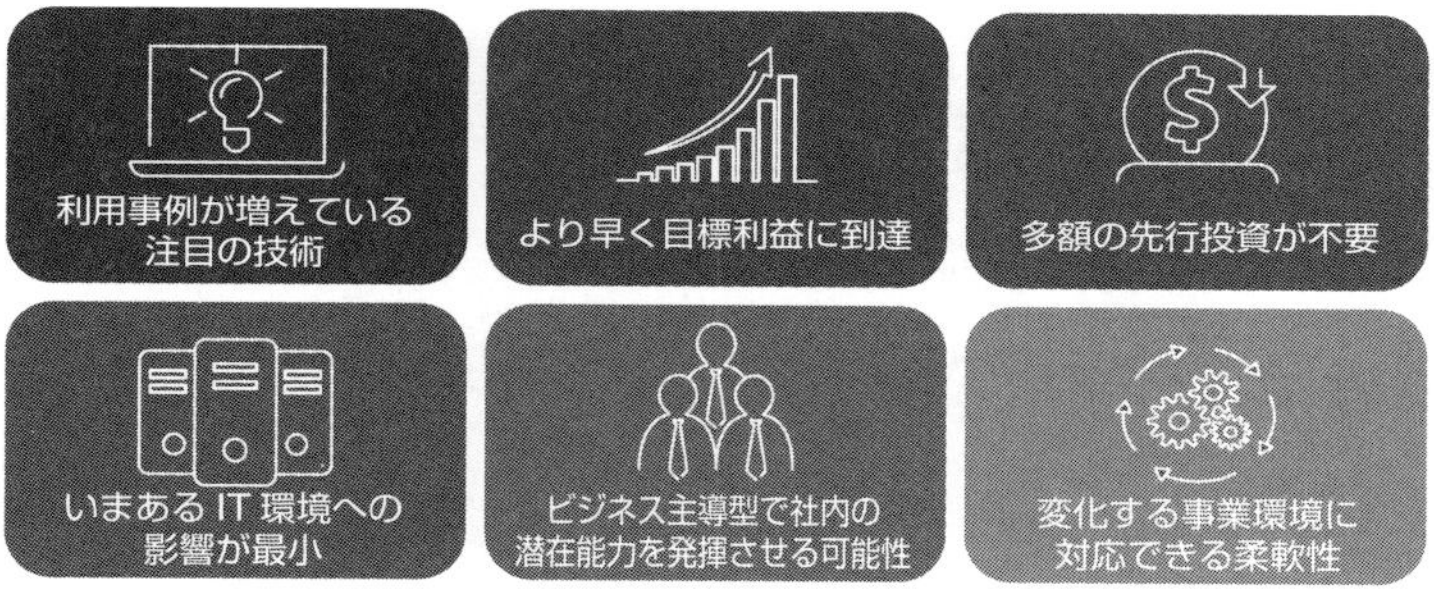

出典： Capgemini Consulting "Robotic Process Automation - Robots conquer business processes in back offices" (A 2016 study conducted by Capgemini Consulting and Capgemini Business Services)。和訳文は東洋経済作成

このブループリズムは、アメリカのIT系調査会社であるガートナーが2013年に発行したリポート「Cool Vendor in Business Process Service report（2013年4月）」で「Cool Vendor」に選ばれたイギリスのRPAのパイオニア企業で、この影響力のあるリポートはブループリズムを「革新的で影響力があり魅力的な企業」と評価している。

当時、同社のアラステア・バスゲート最高経営責任者（CEO）は「ガートナーがブループリズムをクール（素晴らしい）と評価してくれたことをうれしく思う。我々は今回の評価がビジネスプロセスの自動化や当社技術が内包する革新性、その技術がビジネス・オペレーションに役立つ優れた価値の重要性を確認されたのだと思う。これによって、当社技術への国際的な需要が喚起されており、当社は急速な国際的成長を加速させている」と語っている。

これらのカンファレンスでは、まさにいま「ＲＰＡとはなにか」が定義されつつある。「これまでグローバル企業も含め40社余におよぶ欧米のＲＰＡ提供企業が、それぞれにＲＰＡを定義してきたが、そのなかで欧米の方向性として唯一共通しているのが、『バックオフィス・オートメーション』である」と山根氏はいう。

欧米におけるほとんどのＲＰＡの導入手法は、ルーティン的または反復するバックオフィスの業務を、自動化ないし代行し、従来の方法からコストとスピードを劇的に改善させるものである。

ＲＰＡ導入で、いままで数日間かかっていた処理時間がわずか数分間に短縮

バックオフィス・オートメーションのＲＰＡとしてよく知られている事例に、イギリスの大手携帯電話会社Ｙ社がある。Ｙ社は日本でいうＮＴＴドコモ、ａｕ（ＫＤＤＩ）、ソフトバンクのような位置づけにある。

もともとイギリスの通信事業者は先進的な取り組みに積極的で、日本を先取りしている企業が多い。Y社もその1つで、ナンバーポータビリティは日本が始めるよりだいぶ前から提供している。しかし、かつてこのサービスは、紙の申請書を提出してから手続きが完了するまでに、なんと数日間もかかっていたという。申請書をファックスで事務センターに送り、オペレーターがそれをシステムに手作業で入力していたからだった。ここにブループリズムが導入された。

ブループリズムはまず、紙の申請書を廃止して、Ｗｅｂサイトのフォームからの申請のみに切り替えた。また、申込者が記入した必要事項は、オペレーターを通さずにＲＰＡを介して既存のシステムに自動登録できるようにした。これによって、いままで数日間かかっていた処理時間がわずか数分間に短縮したのだ。

ここでの注目ポイントは、処理作業そのものは「以前と同じシステム」が行っていることだ。システムを新たに構築したわけでも更改したわけでもない。これまでのシステム環境を変えることなく、人間の作業を代行させることができるＲＰＡならではの事例といえる。

2015年の夏に始まった欧米でのRPAの広がり

欧米でRPAが広まるきっかけについて、KPMGコンサルティングのパートナー田中淳一氏は、「欧米でRPAの導入が進んでいるのは、BPOに委託していた業務領域が中心である。コストを下げるために人件費の安いインドなどのシェアードサービスセンターを活用しているが、当初はコスト削減効果があった地域も、しだいに人件費が高騰し始め、賃金差額だけでは対応できなくなってきたため」と語る。

さらに氏は、「RPAは『概念』であり、使われる技術はとくに新しいわけではない。新しくはないものの、それをいままでシステム化から取り残されてきた業務に持ち込むことで、生産性が劇的に高まる。これが、RPAのコンセプトの革新的な面であり、これを理解したうえで、企業全体で人の業務を大々的にロボットに代替させてみようという欧米の企業が一気に増えたのだ」という。

「RPA」という名称の歴史は新しい。では、そこで使われるロボット技術が最近できたのかといえば、そうではない。たとえば、コンピュータのプログラムが株式を自動で売買してくれる「ロボットによるファンド運用」はすでに数年前からあったし、また検索の

「ｂｏｔ」はソフトウェア・ロボットそのものである。

ＲＰＡの一部には、システム開発を自動化するためのテストツールをもっと活用できないかという発想から生まれたソフトウェアがある。その意味で、ソフトウェア・ロボットはかなり以前から存在している。日本ではＲＰＡテクノロジーズが、長年「ロボットソーシング」として提供してきたものもそうであるし、欧米でも以前からソフトウェア・ロボットを提供している企業はあった。それらには「ＲＰＡ」という言葉こそ与えられていなかったが、確実に現在のＲＰＡの源流となるものであった。

一方で、ＩＢＭの「ＢＰＭ（Business Process Management）」のように、ビジネスプロセスのワークフローをもっとうまく活用できないかを模索する動きも活発である。ソフトウェアはベンチャー企業やソフトウェアメーカーがコンセプトを持ってつくっている。それらのソフトウェアは彼ら自身も導入するが、それ以上にＳＩｅｒやコンサルティング会社が導入し、広めてきた。

それと同じ流れに乗って、ＲＰＡも急速に普及し始めている。ＲＰＡのツール開発という点で、欧米のＲＰＡを牽引している企業は何社かあるが、ＲＰＡの普及・拡大は、コンサルティング会社やＢＰＯ事業者が担っている。「こうした企業を取り巻く環境の変化とテクノロジーの更新が相まって、ＲＰＡへの注目と活用が進むために最適な条件が重なったのが昨年の夏頃だった」と田中氏はいう。

欧米におけるRPAの3つの方式

RPAの普及に伴って各国の特徴もみえてきた。アメリカやヨーロッパでは、RPAを導入する際に、開発標準や管理基準などを定めるロボット管理の専門組織をつくって対応する企業が増えている。

社内にIT統括部などの専門組織を持つ企業は多いが、この場合は「ロボット統括部」のような組織である。この組織では、RPA活用の標準を決めたり、ロボット作成のルールづくりや管理を担当したりする。

①連邦型／分散型

ロボット専門組織のRPA管理方式は、大きく3つに分類される。1つは「連邦型」で「分散型」に近いともいえる方式である。

この方式のロボット専門組織は、ロボットの運用は各部門にまかせて、なにをやっているのかを把握し、横のコンフリクト（競合状態）がないかどうかだけを確認したうえで標準をつくる。

メリットは、各部門に制作と管理をまかせるため、ロボットを早くつくってスピーディに活用できることにある。ただ「連邦型／分散型」で注意すべきことは、一歩間違えると既存のシステムに影響したり、他のロボットに干渉して動作を狂わせる「野良ロボット」ができたりする可能性があることだ。

② 集中型

一方で「野良ロボット」による不具合を避けるために、ロボット統括部が集中管理する企業もある。これは「集中型」とも呼ぶべき方式で、金融機関に多い。

この方式の場合、ユーザー部門は「なにをつくりたいか」「どんなことをやりたいか」などの要件定義を統括部門に提示する。それに応じてロボット統括部がロボットの作成から標準化・PoC（Proof of Concept：概念実証）、運用までを一貫して管理する。

これにより、検証済みの安全なロボットを現場に送り込めるだけでなく、ロボット単体での業務対応だけでなく、複合的な業務に対しても複数のロボットを一括して企画・設計・制作・管理することが可能になる。大規模導入やグループ内連携を行う場合、そしてセキュリティ管理を徹底する場合はこの方法が望ましいだろう。

③ 併存型

そして現在増えているのが、「連邦型／分散型」と「集中型」の中間の「併存型」である。「併存型」では、予想するリスクに照らして効果がそれよりも大きい場合は分散的に導入し、リスクを避けたい場合は集中管理する。省コスト・スモールスタートが可能なＲＰＡならではの活用方法だといえる。

ＲＰＡ導入のハードルは低い

ＲＰＡは、多種多様な環境に対応できることから企業での活用方法もさまざまである。また、他のシステムと比較して導入が容易で、短時間で使用できることもＲＰＡの魅力の1つとなっている。

コスト面も同様で、通常のシステム構築とは比較できないほど安価な投資で、その効果を体験できる。これは欧米でも同じである。

このように導入に関するハードルが低いＲＰＡであるが、営業や経理、人事と部門を超えて全社規模で導入し活用したい場合は、それぞれの部門の業務を横串通しでみることができる人材が必要になる。

そのためには欧米で増えている「集中型」の専門部門を設立することが必要であろうし、その部門のメンバーがロボットのノウハウやＲＰＡベンダー、ツールベンダーとコミュニケーションをとって社内に導入していくことになる。

ＲＰＡにおいてプロセス設計や標準化を行う理由は、オペレーション自体のマネジメントを標準化するということが必要ではなく、結局はアウトプットである。サービスレベルや品質が環境の変化に合わせてどこまで最大化できるのかを考えるとき、まさにプロセスを設計して、マネジメントする必要がある。

しかし現在のように環境変化が速いなかでは、一度改革してもすぐにそれは陳腐化する。そうした時代において、人とプロセスとＩＴとをどのようにマネジメントしていくかはかなり難しい課題である。また、そのしわ寄せはすべて人に向かってくる。

こんな例を考えてみよう。来週には業務が急増することがわかっているという切羽詰まっている場合、３か月かかっていた仕事がＲＰＡを導入すると１日で終わるのであれば、その効果は、野良ロボットの多少の発生リスクを勘案しても高い。これこそがＲＰＡ

がもたらすデジタルレイバーの効能なのである。

ただしクリティカルな勘定系の業務や処理については、プロセス設計をしっかりと行ったうえで、不備が発生しないよう、セキュリティも含め慎重に導入・管理する必要がある。

ＲＰＡは今後もますます進化していく。そのバージョンアップについて十分に理解し、変えるべきものはなにかを把握することも、こうしたロボット専門組織が担っていくことになる。

欧米をはじめとする各国のＲＰＡの特徴

《アメリカ》

- 建国以来、一貫してさまざまな人種の移民を受け入れてきたため、多様性への対応をもっとも重視している。
- 人種だけでなく、全く違う文化や思想を持つ人たちが、アプリケーションのＧＵＩ（Graphical User Interface）とプロセスを共有しなければならない。

- そのためパッケージソフトは、徹底した標準化をはかることで、人種や文化の「壁」を越え、一定の品質と効率を生み出せるようにつくられている。
- RPAにおいて、とくに西海岸地域ではAIやコグニティブ・コンピューティング(Cognitive Computing：認知型コンピューティング)、マシンラーニング(Machine Learning：機械学習)の採用が急速に進み、次世代的なアプローチをしている。
- 1000人いるオペレーター全員分の画面操作を1か月分収集して、一度に最適化するというようなRPAがアメリカ型の特徴。

《ヨーロッパ》

- 多国籍の集合体であるため、各国がそれぞれの独自の文化と特徴を持っている。
- そのためシステム統合が難しい。
- しかしRPAは、システムが統合できていなくても、導入さえすれば自動化できることから、それぞれの国の異なる企業で違うロボットが動いていてもかなりの割合で標準化と自動化が実現できる。
- またレガシーシステム(古くなったコンピュータシステム)が膨大にあるため、それを解消する目的で、ERP的な発想のレガシー統合の方法がよく用いられる。

・したがって、すべてラッピングされた、ノンプログラミングでＩＴ寄りのＲＰＡが主流となっている。
・１００％の人員削減という効率化を謳っている点もヨーロッパ型ＲＰＡの特徴。

《中国・インド》

・中国にはいま世界が大注目している。
・13億人を超える人口を抱えた中国には、６０００人規模のセンターは珍しくなく、本部長クラスでも平気で人員整理の対象になったりする。
・また、レガシーシステムがないため、いきなり最新技術を取り入れていく。
・したがって「現状のＲＰＡのさらに進化版を突如導入してくるのではないか」というのが大方の予測。
・ＲＰＡ導入の目的は、コスト削減ではなく、ミスをなくすこと。
・インドも経済が成長していく段階で、工場の労働者やシェアードサービスセンターの受託が減る一方で、接客をはじめとするサービス業が爆発的に増加し雇用の中心がシフトするなど、中間層を中心に仕事の内容も変化している。
・中国やインドのように膨大な人口を抱える国にとっての課題は人件費ではなく、品質とスピード。

- その点では、投資のしやすさとそれに見合う以上の品質と生産性の効率が認められれば、ＲＰＡは圧倒的なメリットになる。

日本型ＲＰＡの特徴

欧米より半年ほど遅れてＲＰＡが動き出した日本の最大の課題は、やはり労働力不足である。少子高齢化の流れは止まらず、とはいえ、それに代わる外国人労働者の受け入れにはさまざまなハードルがある。国家縮小によるこの慢性的な労働力不足の状態は、日本の企業とそこで働く人々をじわじわと疲弊させる要因ともなっている。

そのため、ルーティンな業務を代行するＲＰＡは、ＡＩとともに貴重な人材の有効活用と新たな雇用を生み出すための中心技術として大いに期待されている。

一方で、日本の間接業務は総花的で、企業内では課長クラスが業務を主導し、また現場の属人性をよしとする傾向がある。人の作業を細かく代行するＲＰＡの導入は、日本企業の置かれた現状によくマッチしているといってよいだろう。

グランドデザインをがっちりしてロボットをつくり提供しているパッケージタイプのヨーロッパ型ＲＰＡに対して、日本型ＲＰＡの感覚は、そうしたＩＴ活用というよりも人材派遣の効用や営業に近い。

また日本では、ＳＡＰやＥＲＰなどのパッケージ導入時にカスタマイズする企業が多い。そのことは、日本にはエンドユーザーへのオペレーションが膨大にあり、そこにノウハウとスキルが蓄積されていることを示している。

たとえば金融機関の事務センターでは、膨大な種類の保険金の支払いの判断を人間がしている。この要件をロボットに実装することはかなり難しい。実際、欧米ではシェアードサービスセンターでの事例がほとんどであるのに対して、日本では現場主導型のオペレーションに導入されている例が多い。これも日本型ＲＰＡの特徴である。

「代行」という形式で人の作業を補完するという点でいえば日本は進んでいるが、「自動化」という意味では欧米企業のほうが熱心であるといえる。

さらに、標準化の前に導入しても効果が上がるＲＰＡの特徴も、日本には適している。日本の場合、業務改革のために一気に標準化をめざしてもなかなか変わらないことのほうが多い。そこで、「『標準化の前にまずＲＰＡを入れて自動化し、標準化については１〜２年かけてゆっくり実現していきましょう』という提案のほうが現実的であったりする」と前出の田中氏はいう。

まずはRPAによって人が行っていた作業量の3分の1ぐらいが効率化されて減少し、標準化によってさらに20%ぐらい減れば目標にかなり近くなる。最初に効果を大きく出し、後からブラッシュアップしてさらに効率を高めることでむしろ、改革に格段に適した環境をつくることができるであろう。

解決できなかった問題を解決するRPA

現在のRPAのほとんどは、人間の定型業務をそのまま代行する「クラス1」世代である。これらは現場の作業のなかで、「取るに足らないがやらなければならない仕事」「避けられなかったルーティン業務」「システムが別だという理由でデータを右から左へ移し替えるだけの単純作業」「新しいシステムとレガシーシステムをつなぐデータ移行作業」などをまかせるのに最適のツールである。

いままで述べてきたとおり、RPAがその効果を発揮できるかどうかは、その国の背景となる社会構造や企業の歴史などによる。日本が欧米と共通する点は、保険会社などの金融機関には、つくられてからすでに長い時間が経っているレガシーシステムがいまだ現役で存在していることである。

極端にいえば、１９８０年代のＮＥＣ「ＰＣ－98」シリーズに入っているシステムが現役であるような場合、その環境には独特の作業手順があり、社内はそれに応じて動いている。それをやめて最新のクラウドサービスやＡＩを使ったほうがよいという意見はもちろんある。現実に、数年後にはレガシーシステムはなくなり、クラウドやＡＩに置き換えられる可能性は高い。したがって、理想的なのは現状の環境に最適化して構築された新たなシステムである。

しかし、現在稼働しているシステムをつくり変えるには、長い時間と莫大なコストがかかる。新たにシステム構築する場合、要件定義から開発、テストを経て本格稼働に至るまで、短く見積もっても半年、長くて数年はかかる。さらに、開発には億単位のコストをかける必要がある。

では、「システムがつくれないのであれば、せめてあと5人ほど要員を増やしてほしい」と望んでも、それがすんなり許されるものでもない。そのような業務は結局、システム化も統合もされず、増員もされず、煩雑さは現場へのしわ寄せとなっている。これは業種を問わずどの企業でも交わされている会話であり、抱えている解決不可能な問題である。

これまでは……。

そう、これまでは解決できない問題だった。しかし、RPAならそれを解決することができる。それがまさにRPA革命の本質だからである。

日本のRPA活用の発想は、できるだけ「現状のシステムのまま」で生産効率を上げることである。いま、RPAが欧米で爆発的に普及しているのは、低コストでいままでのやり方を変えずにバランスを取りながら、うまい形で「スピード」と「正確性」を高められるからにほかならない。

日本のRPAの波は、欧米よりわずかに遅れているかもしれない。しかし、社会に古いシステムがあり、仕事のやり方もおおむね決まっているという点では欧米と似ている。本来はシステムを全刷新したほうがいいに決まっているが、そういうわけにもいかない。

そこで、ロボットを「人材派遣」してもらう感覚でRPAを活用し、煩雑で人がやると時間がかかっていた仕事をRPAに移行させていけば、人員を増やすことなく顧客が満足できるサービスを提供することができるだろう。

ＡＩやコグニティブとの組み合わせによって進化するＲＰＡ

冒頭の山根氏は、

「ＲＰＡは非常に有効なソリューションだが、いまの〈クラス１〉では、本格稼働の前段階で準備にはそれなりに手がかかる。なぜならば、ビジネス現場の多くの情報が非構造化データであり、ルールベースで動くＲＰＡを動かすために多くのマンパワーが必要になるケースもある。

そこで必要となるのは、ディープラーニング等のナローＡＩ技術を使った非構造化データを扱える〈クラス２〉のＲＰＡの開発だ。最終的には、ＡＧＩ（Artificial General Intelligence）などの技術と〈クラス２〉が融合した〈クラス３〉のＲＰＡにより、より多くの業務をロボットにまかせることができるようになるだろう」

という。

先に述べたとおり、現在ロボットを操作するための新しいテクノロジーとして注目されているのがＡＩやコグニティブ・コンピューティング、マシンラーニングである。こうした技術をもともと内包しているＲＰＡは、それらの進化に合わせて次世代に押し上がる。

アメリカではすでに実用化されつつあり、これが我々のいう「クラス2」にほかならない。

たとえば新入社員が初めて事務処理をするとき、確信が持てない作業には先輩に質問することで学習していくが、この「人間の学習」そのものをＲＰＡにも学んでもらうのである。また、細かく分類されているルールをいちいちプログラミングするのではなく、ＲＰＡに人間の行動を一定期間すべてモニタリングさせて自動的に学習させる。ＲＰＡにＡＩやマシンラーニングを加えることで、その可能性はさらに広がっていく。

RPAが人間の知見を超える日が来る?!

経費精算で個人が飲食した領収書や、交通費を水増ししたりされた精算書は、経理や事務要員がそれをチェックする。しかし、そうした事務要員がいない企業もある。その場合、精算書はノーチェックで承認され、不正が発覚しないまま精算金が払われるケースもある。この作業にＲＰＡを導入しても、いまのロボットでは、人間のようにデータを打ち込む途中で不正に気づいたり、違和感を感じたりすることはできない。

たとえば、不正監視ができるＡＩと、ＲＰＡは人間に代わって経費精算を進めながら、人間がチェックする際と同等の不正検知が可能になるかもしれない。同社が提供しているのは、経費精算で間違った領収書や交通費の水増しがないかどうかチェックする「不正検知ＡＩ」である。アイディアレベルの話とはいえ、この不正検知ＡＩを組み入れることで、ＲＰＡは人間に代わって経費精算を進めながら、人間がチェックする際と同等の不正検知が可能になるかもしれない。

さらに、ある取引先からの注文品を出荷するとき、出荷現場が「肌で感じる情報」もある。たとえば「あれ？　この顧客は先月から注文が減り出した」と現場が感じても、その情報はなかなか経営者にまでは届かない。しかし、そこにこそ警戒すべき兆しがあったり、逆にビジネスチャンスがあったりする。

ここにＡＩやコグニティブを組み入れたＲＰＡを導入することで、受発注データの遷移から顧客の動向が分析できるなど、経営に直結する情報を吸い上げられるようになるかもしれない。ＲＰＡは、こうした先進技術と組み合わせることで、さらに進化し価値が上がっていくであろう。

「Vivino」というアンドロイドＯＳとｉＯＳのアプリがある。ワインのラベル（エチケット）を撮影すると、その画像を認識して銘柄の詳細が参照できるというアプリである。自分の飲んだワインをリスト管理できるだけでなく、世界中に２００万人以上いるVivino

ユーザーによるレーティングをチェックできるなど、このアプリ1つでほとんどのワイン情報が入手可能であるという。

これは、ワインのラベルをまず人工知能が画像認識し、消費者がそのワインについて知りたいと思う情報を、さまざまなサイトからロボットが集めてくるというしくみになっている。

つまり、RPAというソフトウェア・ロボットがなければこのアプリは成り立たない。消費者はロボットをあまり意識することはないが、便利だと感じるアプリの裏側ではロボットはすでに活躍している。

このように、RPAは「コスト削減」の側面ばかりではなく、むしろこれまでにはできなかったことを可能にするツールであり、新しい革新的なビジネスを実現する技術であることにスポットを当てる必要もある。

一方で不正検知のように、人間が行うよりもはるかに正確に処理し、AIやマシンラーニングを付加することによって経験を永続的に積み重ねていく。

いずれ人間の知見を超える日が来るかもしれない。

Robotic
Process
Automation

第3章

RPAによって企業はどう変わるか

文化を反映するRPAの活用方法

アメリカの多くの高速道路はフリーウェイと呼ばれ基本的に通行料は無料である。しかし、一部に、通行料がかかる橋やエクスプレスウェイ（進入の制限された有料道路）があり、日本のＥＴＣのような自動料金収受システムが存在する。たとえば、シリコンバレー周辺では「FasTrak」と呼ばれるしくみがそれである。

ご存知のとおり、日本のＥＴＣシステムは、インターチェンジにＥＴＣ専用レーンやゲートを整備する必要があるため、装置の取り付けは専門業者が行う。当然取り付け工費も含め、時間と費用が発生する。また、システム自体も、車がゲートを通過する際にセンサーが有効なカードかどうかを瞬時に判断してゲートの開閉バーを開けるなど芸が細かく、精密で完成度の高いシステムである。

さらにＥＴＣの料金割引制度を受けたい高速道路利用者は、ＥＴＣ車載器・ＥＴＣカードを用意したうえ、セットアップ費用を負担しなければならないなど、世界でもっとも高額かつ複雑なシステムとなっており、金銭的な負担とともに、ハードへの依存も大きい。

一方、FasTrakは、FasTrak口座の開設と25～50ドルの初回デポジットが必要だが、オンラインで自分のクレジットカードを登録して申請すれば一家に3台までトランスポンダー（発信機）を無料でレンタルできる。トランスポンダーは、1台1台IDがついている手のひらサイズのデバイスで、これをマジックテープなどで自分の車のフロントガラスに貼るだけだ。料金所を通過する際にもゲートには日本のような開閉バーなどないので減速することなくゲートの下を通過することができる。

ハイテクなイメージのシリコンバレーとはほど遠い大雑把なしくみで、日本人の感覚であれば、不安になる方も多いと思うが、FasTrakの場合、トランスポンダーのない車が通り抜けるとゲート上のカメラで写真を撮られ、後で車の持ち主は高額の罰金を払うことになる。そのため、ドライバーは自主的にトランスポンダーを申請し、お金を払う。これがアメリカ流のやり方で、それが完璧を求める日本との違いでもある。

ここでいいたいのは、日本のように厳格なシステムをつくることが唯一の「解」ではないということだ。アメリカのようにとりあえず簡単でコストに見合う「しくみ」を取り入れ、しくみでカバーできない2割ぐらいは人がカバーし、それとシステムとを組み合わせることで効率化する「解」もあるということである。

この考え方はRPAにも通じる。欧米では、完璧なシステムを構築するのではなく、現行のシステムをそのまま活用し、ロボットと人間がそれぞれ得意な分野で分業し働くこととにより、大規模なシステム改修と比べて遥かに簡単で早く導入でき、それでいてすべて人がやるよりは効率が格段に向上するような形でのＲＰＡ活用が多くみられる。

ＲＰＡとともに生まれる新たな働き方

あるカンファレンスでは、「職場での課長と部下の席は、命令を伝達しやすいように配置されているのが一般的だが、それでは、ロボットが導入された場合、オフィスのレイアウトはどうあるべきか」というテーマで議論されていた。

現在、急速に普及し始めたＲＰＡに対して、「ＲＰＡがミスを犯したとき、その責任は誰にあるのか。マネジャーなのか。オペレーターか。あるいは、ロボットを動かすことによって仕事のやり方は間違いなく変わるが、それに対して人間はどうあるべきなのか」といった議論が積極的に交わされるようになってきている。

ロボットを扱える人は、今後増えていくだろう。ＲＰＡの普及に伴って、ＲＰＡを理解して、業務をどのようなロボットに代行させるかというコンセプトを企画する人はこれからますます欠かせない存在になっていく。

実際、ＲＰＡの導入拡大によって、ロボットエンジニアやロボットアーキテクチャなど、まさにロボットに関連するさまざまな新しい職業が生まれている。

また、インドのオフショア企業などの業務はＲＰＡにとって代わられるようになり、そのため新しいトレーニングを取り入れて、これまでとは違う付加価値を提供しようとしている。

こうした変化はＲＰＡの活用だけではない。インターネットが交換や共有のプラットフォームとなり、それによって成り立つシェアリングエコノミーという新しい経済のしくみが育ちつつあるいま、社会全体が変わっていくだろう。そのなかで、働き方にも新しい形が生まれてくるのは間違いない。

ＲＰＡ導入後は業務の再配置が必要

アメリカでは業界ごとに職務上必要なスキルセット（技能の組み合わせ）があり、企業はポジションごとに人材を採用するので、求職者は企業があらかじめ明示したジョブ・ディスクリプション（職務記述書）の内容を理解して応募する。これは間接部門であっても同じだ。したがって、アメリカの場合、ＲＰＡやＡＩが普及すると、一部の階層のスキルセットが完全になくなるといわれている。これがアメリカ型のＲＰＡである。

一方、ヨーロッパでは14世紀にペストが大流行し、人口が極端に減少した。また現在も人口が決して多くないという面から、仕事の機械化・自動化が文化のなかに根づき、受け入れやすい地域である。

また、就職においては実務能力が問われる文化があるので、若いうちから将来の職業を選んで進学を決めるなど、職種に対する意識が高い。それはプロとしての意識で、そのため同じ内容とレベルのスキルセットを持った人たちの「階層」が存在する。これがＲＰＡ化によって、階層ごとなくなる可能性がある。

つまり、アメリカやヨーロッパでは、専門に特化したスキルを持っていることが前提になっているので、会社を選ばず職業に就けるという流動性においては合理的なのだが、技術の進歩によって代替されると一気に消滅する職業も出てくることになる。

では日本ではどうか。日本の場合、間接部門ではキャリアパスを重視するため、特定のポジションを除いてスペシャリストの意識は強くない。また「助け合い」という文化がある。自分の仕事だけではなく、誰もが他人の仕事も手伝う風土があるため、１日中、同じ仕事をしている人は少ない。そのため、日本におけるＲＰＡ化は、その人の１日の業務の一部のタスクがロボットによって代行されるだけになる。

また業務ブロックごとにロボットを導入していくので、導入初期はどうしてもRPA化が「虫食い状態」のように進んでいく。したがって、日本の場合、仕事がなくなるのではなく導入後に効率化のための業務再配置が必要になる。

業務の最適化に従来の方法は通用しない

どんな企業も業務の改善・改革を常に考えており、さまざまな手法を経営に取り入れ、試行錯誤を繰り返している。「BPR」「業務革新・改革」などいろいろな言い方をするが、しくみはいたって単純で、テコ入れのポイントは次の3つに集約できる。

①業務プロセス
②人
③アプリケーション

業態や業種にかかわらず、業務改善・改革というのは、突き詰めればこの3つの高度化・最適化をはかることにほかならない。そしてそれらにテコ入れする際の目安となる指標もまた3つある。

Ⓐ リードタイム
Ⓑ 品質
Ⓒ 原価

――の3点である。規模や手法は企業ごとに違っても、つまりはこれらをいかに高度化・最適化するかである。

たとえばコールセンターをイメージしてほしい。大勢のオペレーターがひっきりなしに寄せられる顧客や消費者からの電話に応対している。1件当たりの処理時間が短ければ短いほど時間内にこなせる件数は増えるが（Ⓐ）、短時間で処理することを優先すると、ていねいさに欠ける不親切な応対になるおそれがある（Ⓑ）。逆に逐一ていねいに答えていって品質を高めれば、当然1件当たりの時間は長くなる。そうなると、オペレーターに人数を増やすなどの対応が必要となり、それは原価（Ⓒ）に直接影響する。

もうおわかりだろう。「指標は3つ」とさらりと述べたが、その3つは背反し合うため、すべてを同時に最適化することは非常にハイレベルな難問である。コンサルタントとして現場を見てきた経験からしても、その達成は困難を極めるものだと断言できる。さらに厄介なことに、現代では仕掛けた施策が長続きしなくなっている。

ＩＴの進化とそれに伴う市場の多様化、消費動向の変化。環境の変化が早すぎるのである。業務改善・改革のために、時間をかけてきっちりとつくり込んだシステムに投資して、それなりの効果が得られたのは過去の話でしかない。システム投資の賞味期限はいまや驚くほど短い。従来のようなやり方での業務改善の実現はほぼ不可能なのである。

人がやっているすべての作業は、本当に人がやるしかないのか

処理すべき業務が少ないときには規模を縮小し、増えたときには迅速に資源を投入する。そんな柔軟な対応ができればいいが、人材の場合、そう都合よく切り捨てたりかき集めたりすることは難しい。変化の激しいこの時代に適応できるのは組織の柔軟性であり、その意味ではＩＴは、そういう時代の流れの「落ちこぼれ的な存在」ともいえる。ちょっ

とした仕様変更にもいちいちお金と時間がかかり、柔軟性に乏しいからである。

そういう流れに沿って、ＢＰＯやオフショア開発が急速に普及したのは当然だろう。しかしこうした手法にも限界がある。リードタイムと品質とは二律背反の関係にある。両方を高めたら原価も上がる。ベトナムにオフショアしようとインドネシアに持っていこうと、二律背反の関係が本質的に変わるわけではない。

「アプリケーション」すなわちＩＴをすべて否定しているわけではない。いわゆる「粒の大きい業務」、つまり業務量が圧倒的に多く費用対効果が確実に見込める業務の場合には、多額の初期費用やランニングコストをかけてもＩＴ化は有効である。問題なのは、ＩＴ化の採算が取れない業務、「粒の小さい業務」である。

ＩＴ化が非現実的となると、テコ入れできるのは残りの２つ、「業務プロセス」と「人」になるが、業務プロセスを変えたところで圧倒的な成果は期待できないだろう。「１人が５つの作業をする」のと、「分業にして１人が同じ作業をする」のとどちらがいいかといった議論は重要ではあるが、ここでの解にはならず、結局、消去法で残るのは「人」になる。

実は、ＩＴという言葉が登場し始めた１９９０年代後半から20年近く、この状態はずっと変わってこなかった。「最適化実現にはシステム以外に手段がなく、システム化できないものは人がやるしかない」というのである。

はたして本当にそうだろうか。人がやっているすべての作業は、本当に人がやるしかないのだろうか。私も含め、そこに疑問を持ち、解決策を見出そうとする者が各国に現れ始めるのは当然の成り行きだろう。遅かったくらいかもしれない。

しかし手をこまねいているわけにもいかない。すべての要素をコストの観点から解決できるのは、やはり人を代行して人と同じように企業や組織のなかで働く「デジタルレイバー」、つまりRPAであると私は考えている。

世界が注目し始めた「間接部門」の業務改善・改革

製造業の直接部門は、もはやファクトリーオートメーションなしに稼働することは不可能である。製造ラインにはきわめて高度な技術が投入され、その恩恵を私たちは享受している。カップ麺一杯が１００円程度で買えるのもそのおかげだ。もしファクトリーオートメーションがなかったら、カップ麺一杯が1万円になってしまうかもしれない。

一方、そうした最先端の技術を取り入れたメーカーでも、間接部門に目を向けると、いまだに「ＩＴと人」が中心の世界である。アプリケーションがいくら発達しても、業務の性質上、人の介在なしには遂行できない業務もある。これらの業務コストを削減するためには、これまで人を減らしてコストを下げつつ1人当たりの処理量を増やすしかなかった。そして「それは仕方のないこと」と誰もがそう思ってきた。しかしその常識は、RPAの台頭によって過去のものになりつつある。

業務改善・革新を推進する際に、これまで誰も手をつけてこなかったところ、人以外にはできないと思っていたところにテコ入れできる唯一の解、それがRPAである。

長い間盲点になってきた理由を、私は次のように考えている。すでに述べたように、RPAは最新の技術ではなく、既存技術の再構築によるしくみである。つまりもっと早くに登場していてもおかしくなかった。そうならなかったのは、誰もその発想をしなかったからにすぎない。

考えてみてほしい。少なくともこの20年余りに関していえば、機械やコンピュータ、ITに精通した技術者は、大雑把な言い方になるが、SEやSIerとしてシステムの運用や開発に携わるか、さもなければメーカーの直接部門や研究機関のコアな業務に携わっているかのいずれかではなかっただろうか。

前者は業務を受託する立場であり、後者は間接部門の業務からは遠い立場である。つまり、RPAはこれまで技術を持っている人たちの目に触れず、見逃がされてきたのだ。まさにガラパゴス的な状態だったRPAに人類が初めて気づき、耳目を集め始め、一気に火がついた。この先の広がりは無限大である。「第4次産業革命」の位置づけは、決して大げさではない。

実際に、RPAをいち早く導入して会社の規模を3倍にした経営者もいれば、イノベーションを起こしてBPOやオフショアで一度失った仕事を中国から取り戻した経営者もいる。

仕事を奪うのではなく仕事を創出する

ロボットが人の仕事を代行すると聞くと、たいていの人はまず「人に取って代わる＝人の仕事をロボットに奪われる」と誤解してしまう。そのせいで、とかくマイナスイメージを持たれがちだが、事実は正反対である。RPAは「導入することによって仕事が奪われ雇用が減少するのではなく、導入しないことによって雇用が減少する」のである。仕事を奪うどころか、RPAは新たな事業創造、雇用創造をもたらす画期的な切り札である。

人間の仕事の47％が、機械やAIによって代替されるというデータがあるが、それはこの量の仕事を奪われるという意味ではない。47％もの辛い仕事、途方もない量の仕事、いくらやっても成果のみえない仕事から人が解放されるということにほかならない。解放された人はより生産性の高い仕事、いままで手つかずになっていた仕事に従事することができる。経営者から見れば、新たに人を雇用することなく労働力が生まれたことになり、これまで実現できなかった事業拡張や新規事業展開に人材を投入することが可能になる。

少子高齢化、労働力の減少、消費の落ち込みと、マイナスの要素ばかりが並ぶ現代において、抜本的な解決策を見つけられずにいる日本企業の悩みを、ＲＰＡは確実にゼロにすることができる。それどころかプラスに――それも桁違いのプラスに転じる可能性も多分に秘めている。だからこそＲＰＡに世界が注目しているのである。

いち早くピンとくるのは現場の人間より経営者

ロボットは、つくるのが難しくなければプログラミングをする必要もなく、既存のシステムと共存もできる。デメリットが見当たらないＲＰＡは、経営者にとってみれば、非の打ちどころのない優等生だろう。

もっとも、経営者はオペレーションやシステムの堅牢性や安定性など、細かいことはほとんど気にしていない。さらに彼らはＩＴに懐疑的でもある。高額なＩＴ投資のうち戦略投資はわずか3割で、運用コストが実に7割を占める現状に、とうに嫌気がさしているのである。

経営者にとって重要なのは、原価を下げて利益を上げることであって、それを実現する手段としてＲＰＡに注目している。ＲＰＡにも当然投資が必要ではあるが、なにしろ人間の作業の２００倍もの成果が得られるのだから、導入を渋る経営者はいないのではないだろうか。

一方、肝心の現場はＲＰＡに慎重な態度を取りがちである。「ロボット」といっても目にみえないし、これまでは知名度が低く実績も広くは知られていなかったから無理もなく、「怪しい商売」と勘違いされることも少なくなかったし、人の仕事を奪うと誤解されがちであった。しかし２０１６年に入り、状況は大きく変化しつつある。

3年後には一流企業がRPAを導入している

ＲＰＡは今後、爆発的な加速度で日本企業に浸透していくであろう。すでに爆発の兆しを体感しているし、私の見込みでは、3年後には名だたる一流企業が導入しているに違いない。驚かれるかもしれないが、そのような状況がもっと早く到来しても不思議ではないとも思っている。

事実、2014年11月に弊社が開催したカンファレンスにおいて私は「3年後の2017年11月頃にはコンソーシアムを立ち上げたい」と語ったのだが、実際に日本RPA協会を設立したのは2016年7月で、予定より約1年半も早かった。その経験からも、前倒しは大いにありうると考えている。

これは決して大胆な予測ではない。ITが社会に浸透した経緯はどうだったであろうか。最初は手探りだった大手企業がこぞって導入し始め、急速に世の中に普及し、ITのある環境が当たり前になり、瞬く間にインフラになったことは記憶に新しい。

当初、私は「ロボットソーシング」という言い方をしていたが、日本国内での普及に手応えを感じ、それにはネーミングが重要だと考え、途中から欧米ですでに定着し始めていたRPAの呼称に変更した。日本でも2016年に入ってからバズワードとして興味を持たれ始めた実感がある。

10年前からRPAに着目し、その開発と日本企業への導入を推進してきた私にとって、名実ともにRPAが定着し方向性が定まったという意味では、2016年こそがRPA元年といえるだろう。これはアメリカでも同じである。

当初用いていたロボットソーシングは、ＲＰＡの下位概念として捉えてもらえばよく、日本型のＲＰＡを、このロボットソーシングないしは「ロボット派遣」と表現することもある。すなわち、人間の操作の代行としてのＲＰＡで、導入しやすさ、拡張しやすさ、保守しやすさが特徴である。

ちなみに、海外型のＲＰＡは完全無人化のプロセス構築に強いタイプで、クレジットカードの申し込み受付から発行まで一連の手続きをすべて無人化するといった、基幹システムにとって代わるようなしくみだが、言うまでもなく構築の難易度は非常に高く、日本型のＲＰＡとは基本理念を大きく異にしている。

コンビニエンスストアのアルバイト店員から店長に

現在の間接部門の業務システムは、「第一層（ＩＴ）」と「第二層（人）」とで構成されている。ＲＰＡは、この第一層と第二層を補完する「第三層」の役割を果たす。ＲＰＡの導入が進めば、「三層構造」が標準的な業務構造として定着するだろう。現在は二層を三層にしようとしている段階だが、その先の第四層もすでに視野に入っている。

第1章でも述べたとおり、RPAの進化のプロセスは大きく3つのフェーズで定義している。ロボットが人間の手足の代替をする「クラス1」、そこに知能が加わった「クラス2」、ロボット自身が自律する「クラス3」である。

クラス1はルールベースの業務を人間に代わって行うもので、コンビニエンスストアのスタッフにたとえれば、アルバイト店員に相当する。仕事の内容を教わり、教わったとおりにこなしていく。クラス2になると予測や知能といった要素が付加され、店長クラスになる。たとえばアルゴリズムによってデータを解析し、最適な発注量を予測するといった能力を持つまでに成長する。

そしてクラス2からクラス3へのステップアップで必要となるのは、マシンラーニング機能である。現状のロボットは入力されたデータをもとに判断をしているが、やがてテキストを読み始める。そのため人間の「目」に相当する機能も必要になる。さらに画像や動画を判別する能力が確立されれば、用途はまさに爆発的に広がるはずである。おそらくその先もいずれみえてくるのだろう。ただしクラスが上がっても人間の代替であるという原則に変わりはなく、変化するのはあくまでも「レベルと範囲」のみである。

現在稼働しているRPAの多くはクラス1に属しているが、クラス2もすでに登場している。ゲームソフトのテスト用ロボットである。発売前のゲームソフトのバグを探し出すためで、これまではアルバイトを雇って人海戦術で行うのが一般的だったが、かなり手間がかかるうえに、発見漏れが生じることも少なくない。また、アルバイトには、発売前に情報が漏えいする危険性もある。これをＲＰＡに置き換えれば、ログや画像を取ってその作業を学習させることで、ロボットが人の作業を代行する。

ＲＰＡを買う人は効能を買っている

ＲＰＡはとりわけ新しい技術ではない。既存技術を集めてつくられるしくみである。ではなぜいま、ＲＰＡに数々の企業が殺到しているのだろうか。それは、ＲＰＡが圧倒的な効能を発揮するからである。ＩＴに懐疑的になりがちな理由の1つに、高額な投資の割にその効果がみえにくいことが挙げられるが、それとは対照的に、ＲＰＡは効能が明確である。

他に有効な術がなく諦めていた領域にＲＰＡという概念が現れたことにより、初めて解決の道が開かれた。「リードタイム」も「品質」も「原価」も同時に最適化できることがどれだけ画期的であるのかは、現場の人間は十分すぎるほど知っている。

人間の作業では時間がかかる、ミスもある、人件費もかかる。ロボットなら桁違いの作業スピードで、ミスはない、経費はせいぜい電気代しかない。これだけ圧倒的な差を見せつけられれば、導入しないという選択肢はないだろう。

ロボットというと、「人型ロボット」を思い浮かべている人がいるとしたら、RPAのロボットは全く非なるものだと改めて強調しておきたい。RPAにおけるロボットの定義は、

①人間が行う作業をそのまま代替できる
②人間と比べて圧倒的な能力を持っている
③ルール変更時などの環境の変化に強い

——である。

自社の社員が扱える

ＲＰＡには、導入の際に社内の体制に合わせて臨機応変なアレンジができるという柔軟性がある。しかも、導入を自前で行うこともさして難しくない。もちろん、すべてを導入ベンダーにおまかせでもいいし、ソフトウェアだけをベンダーに委ね、あとは自社の社員でまかなうことも可能である。

考えてみれば、自社の業務の根幹となるシステムをＳＩｅｒに委ねるしかないというのは企業の基盤的観点からいって心許ない。当たり前のことだが、自社の社員が扱えることの利点は意外に大きい。

急激に増加するＲＰＡコンサルタント

現在、雨後の筍の勢いで登場しているのが、ＲＰＡコンサルタントである。こうしたコンサルティングファームには、導入に関心のある企業からの問い合わせが殺到しており、彼らはその対応に追われている。今後間違いなく、システムインテグレーションならぬ、「ロボットインテグレーション」といった概念も生まれる。

このとき注意したいのは、ＲＰＡが、ＩＴや製造機械と異なり、デジタルレイバー、つまり人の代行をする、人に準拠した概念だという点である。つまり、人材系の企業やBPO企業は近い将来、例外なくRPAを扱うことになる。

また今後の展開としてはっきりといえるのは、RPAベンダーと導入企業とが共同で事業モデルを構築するスタイルである。単にRPAを導入するのではなく、共同で事業体を立ち上げたほうが、RPAベンダーのノウハウと人材を享受でき、より高い効果を得ることができるからである。

ここでも、「相手を選ばない」というRPAの柔軟性が力を発揮し、コラボレーションできない業界はほぼないといっていいだろう。不動産業界や金融業界をはじめ、すでにさまざまな業界で活用されている（業界とのかかわりについては第5章で詳しく述べる）。

RPAという宝の山に、ようやく世の中が気づき始めた。RPAはいまもっとも注目を浴び、導入の動きが高まっている。

SIerのような立場にある人たちが率先して啓蒙活動をしていたら、より説得力を持って企業のシステム導入の意思決定者にRPAの効能を知らしめることができ、RPAはもっと早く注目を浴び、導入の動きが高まっていたのではないだろうか。リーマン・ショック直後、私は人材系の企業に対して繰り返し「人材を派遣するのではなく、RPAを派遣しなさい」と提案したものである。「必要に応じて稼働を増やしたり減らしたりできるのだから」と。

導入実績の高い金融業界と低い製造業

相手を選ばずどこにでもなじむのがＲＰＡの強みの１つだが、導入効果の出やすさは、業界ごとに違っている。

まず、すでに導入実績が着実に増えているのが金融業界である。言うまでもなく金融業界は、大手ベンダーの牙城であり、一見、ＲＰＡが入り込む余地はなさそうに思えるかもしれない。しかしそもそもＲＰＡは、そうしたＳＩｅｒでは手をつけられないところ、システム化ができないところに切り込んでいくしくみである。これまで放置されてきたところに適用されるのだから、システムベンダーの存在は、ＲＰＡにとって実は全く弊害にならない。

金融事務には専門的な知識が必要で、ＩＴでは解決できず、人の手と目がなければ処理できない領域も多いのだが、ルールベースで働くＲＰＡとは相性がよく、導入効果が現れやすい。もっとも、近年の市場規模の縮小などの要因も追い風となって実績が目立つ結果となったともいえる。

反対に、現状で導入実績がもっとも低いのはメーカーである。製造業にとってロボット産業はまさにお家芸であり、最古参のユーザーである。メーカーは製造現場での実績に自信を持っており、新参者のＲＰＡに容易に飛びついたりしないのも納得できるが、今後は間違いなく導入が進んでいくと私は考えている。

24時間モニタリングもＲＰＡならお手のもの

もう1例、ＲＰＡとの相性のよさから導入が相次いでいるのが、オープン・ソース・インテリジェンス（Open Source Intelligence）、すなわち「ＯＳＩＮＴ」と呼ばれる機密情報収集を主たる業務とする領域である。具体的には、官公庁、Ｅコマース、情報セキュリティなどである。彼らの仕事でもっとも重要なのはモニタリングで、モニタリングといえば長時間に及び、しかし、たった1分の油断や小さな見落としが、それまでの苦労を台なしにすることもある。

たとえば援助交際現場の監視である。街角に設置された監視カメラの映像を通して怪しい人物の行動をウォッチし続ける業務は、高い忍耐力と集中力を要し、しかし、機械によって自動化のできない、まさに「人間でなければならない」と思われていた典型的な案件なのだが、この領域にもＲＰＡによる代行が可能になってきている。

具体的には、援助交際の取引現場を押さえるには、最近では「ＬＩＮＥ」のＩＤを交換し始めたら要注意とされ、モニター上の男女にそのような動作が認められたら通知するという作業をロボットに教えることで、人が行うよりもはるかに確実な監視ができる。人のように居眠りやトイレ休憩で肝心の瞬間を見逃すことなく、ロボットは文字どおり24時間、休憩することもなく働いてくれる。

アマゾン1人勝ちの裏にもＲＰＡが

人の目による監視がさらに困難を極めるのは、いわゆるサイバー監視である。サイバー犯罪は深刻な社会問題であり、政府の対応も年々強化されている。２０１６年４月にはサイバーセキュリティ基本法が改正され、中央省庁のほか10月には日本年金機構など９法人が対象に加わった。

マンパワーでネット上の情報をくまなく調査することは不可能であるが、それは逆に、RPAの特性を発揮できる作業である。「フェイスブック内で不正なアプリへの誘導がないか」「官公庁のオークションで不正な利用がないか」「ネットショップで違法なものが取引されていないか」。そのような摘発の対象となる行為の調査と発見を、ロボットなら休むことなく行える。

監視の目的はこうした犯罪防止だけではない。たとえばEDINET（有価証券報告書等の開示書類を閲覧するサイト）の財務情報である。この情報を必要とするメディア企業や官公庁は多いだろう。従来は手作業だったはずだが、ログインして情報を抽出する作業をRPAに覚えさせれば、圧倒的な速さで処理してくれる。

クラス1ではキーワード検索のレベルだが、クラス2に上がれば知能が加わり、テキスト（文章）の判読を始めるので、より複雑な調査が可能になる。アマゾン・ドット・コムのRPAはすでにクラス2、一部はクラス3まで進んでいて、「オークションに出す」「価格を変更する」といった意思決定を商品1点ごとに自動で処理している。音声を認識し、ロボットが商品の注文を自動で行う「アマゾンエコー（Amazon Echo）」もすでに実用化されている。

グーグルのアシスタント端末「グーグルホーム（Google Home）」も、質問に答えたり、

Ｕｂｅｒ（タクシーサービス）で配車を依頼したり、部屋の照明をつけたりすることができ、これもロボットの仕事である。

収益や効率以外の効果が期待できる不動産業界

ＲＰＡ導入の効果を収益だけで測るのは早計である。不動産業界がその一例で、導入実績は比較的多いが、収益的に見ると必ずしも効果が高いとはいえない。しかし、不動産業界にはＲＰＡによって改善できるポイントが多く、ＲＰＡとの相性がよい業界の１つといっていい。

古い歴史を持つ企業が多いだけに、「体質が古い」「ＩＴリテラシーが低い」というイメージが強い業界で、いまだに情報の主なやりとりはＦＡＸだといわれている。物件のＷｅｂ検索は進化しているが、これは不動産業界というよりは情報産業の分野である。それでも近年は各社とも業務改善・改革には積極的で、不動産業界に特化したＡＳＰ（Application Service Provider：アプリケーションやサービスをネット経由で提供する事業者、またはサービスを含めた全般）の利用も進んできている。

不動産業界特有の問題としては、膨大な量の古い設計書の整理がある。倉庫を圧迫する古い資料の電子化は喫緊の課題だろうが、これをマンパワーでやっていたら途方もない作業になる。もしロボットが、スキャニングから保存先の振り分けまでこなしてくれたのなら、大幅な業務効率化になる。しかし企業全体からみたインパクトという意味ではさほど大きな効果とはいえないかもしれない。

不動産業界でRPAが本領を発揮するとすれば、個々の企業のレベルではなく、むしろ業界を横断したサービスだろうと私は考えている。業界横断でたとえば「RPAセンター」をつくれば、業界全体の構造改革や業務改善につながっていくのではないか。

顔認識機能で介護現場の難題を解決

人の目による判断に近い仕事ができるRPAならではの機能が大きく役立っているのが、介護の現場である。

「サービス付き高齢者向け住宅（サ高住）」とは、認知症の方もそうでない方も居住されている高齢者向けの共同住宅である。そのために問題になることの1つが夜間の外出である。

認知症の方の多くは徘徊癖があるため、勝手に外に出ることがないよう注意しなければならない。夜間は介護スタッフも減るため、徘徊防止のための装置が必要となるが、そうすると認知症でない居住者が不便を強いられる。

通常の見守りロボットの場合、カメラの映像を監視して判別する人の介在が不可欠である。しかし、ＲＰＡとセンサーとクラウド技術を組み合わせれば、顔認識機能により、玄関を出ていく人が認知症かそうでないかを判別し、それによって対応を変えることができる。

実際に２０１５年より稼働しているロボット「見守りクラウドロボ」は、玄関ドアの開閉を察知し、映像に写り込んだ人を判別し、もし認知症の方だった場合にはスタッフに通知する、あるいはサイレンを鳴らすといった振り分けができる。

このロボットのさらなる利点は、設置が簡単なことである。建物に見守りシステムを組み込むような大がかりな工事は必要なく、現場の作業は、小さなセンサーを取り付ける程度である。このセンサーには発電機能と蓄電機能があるため、電源も必要ない。当然少ない費用で導入できる。

これまでにも、家電製品や衣類や靴に取り付けたセンサーによる見守りが実用化されてはいるが、こうした方法と比べて、取りこぼしがほとんどないという点で見守りクラウドロボは画期的である。

手軽さ・気軽さは効能と同じくらい重要

ＲＰＡのサービスについて説明するとき、私は必ず、シンプルさ、簡単さを強調するようにしている。簡単であることは、肝心なＲＰＡの効能に負けないくらい、きわめて重要な要素だと考えているからである。いくら高性能・高機能なものでも、管理が大変だったり法外な維持費がかかったり、理解するのが難しかったりすれば、敬遠されてしまう。導入に二の足を踏む大きな要因にもなる。

次から次へと登場するトレーニングやダイエットのグッズは、いくら効能が優れていても、操作が難しかったり、収納しにくかったりしたら使うことそのものがストレスになり、すぐに使わなくなってしまう。高価であればあるほど落胆も大きい。それならば、たとえ最新の性能でなかったとしても、操作が簡単で毎日楽しく続けられるもののほうが、ユーザーの満足度はずっと高いはずである。

Robotic
Process
Automation

第4章

RPA導入の実際とポイント

2016年は日本のRPA元年

RPAそのものは、とくに新しい技術ではない。さかのぼれば1990年に、アメリカのマサチューセッツ工科大学のマイケル・ハマー教授が提唱したBPR（Business Process Re-engineering）が注目された頃に生まれた技術が、呼称を変えて広がったものである。現在は、企業の間接部門の生産性向上にむけた課題解決の考え方として適用範囲が拡大し、今後も拡大が続く可能性を秘めているであろうという、その意味においてRPAが注目されている。

このようにして2015年から始まったアメリカやヨーロッパでのRPAの波が日本にも到達し、2016年に入ると国内でのRPAの動きがにわかに活発化した。まずコンサルティングファームが関心を持ち、その後、金融機関や通信事業者、人材派遣会社などがRPAを採用し始めた。ネームバリューのあるこれらの企業が採用したという事実は影響力が大きい。これがRPAの普及に拍車をかけつつある。

もっとも、いま述べたようにRPAは概念でしかなく、したがって、まだその定義も定まっていない段階にあるが、AI、IoTブームの現在にあって、RPAすなわち「ロボティック・プロセス・オートメーション」という立ち位置が現代にうまくフィットし、そのこともＲＰＡの普及の追い風となっている。

こうした状況が、２０１６年をもって「日本のＲＰＡ元年」といわしめる背景にある。

今後、ＲＰＡがより発展していく過程で、そこにＡＩの進化やセンサー、ＩｏＴなどが組み合わされることによって適用範囲が爆発的に広がることが想定されており、それもＲＰＡの重要な進展の方向である。

本章では、こうしていまや世界的な注目を集めているＲＰＡについて、さまざまなエピソードから導入に際してのポイントを紹介したい。

ＲＰＡ導入のコンセプトとＰｏＣ

日本企業が陥りやすいことの１つに、経営陣の「我が社は○○を使えないのか？」といった発言をきっかけに、○○の導入が模索されることがある。トップの命《めい》によって導入がはかられる場合、「なんのために使うのか？」という議論が欠落したまま、「使うことが目的」となってしまうことがある。

「なんのために」がなければ導入しても無駄になる。かつてERPやCRMも経営改革のキーワードとして宣伝され普及もしたが、その「なんのために」が抜け落ちたままプロジェクトが走り出した例も少なくなかった。

「RPAはツールありきではない」とは、欧米のどのカンファレンスでも異口同音にいわれていることである。RPAのロボティクスという概念（方法）は、〝ソフトウェアロボット〟という考え方がわかりやすいだろう。つまり、RPAとは「ロボット機能を持ったソフトウェア」ということである。

そこでRPAの導入でもっとも重要なのは、「これからはロボットの時代だ！　ロボットをオフィスに導入せよ！」といきなり走り出すことではなく、初めにロボティクスというソフトウェアの概念をいかに社内に取り入れ、それによってどんな狙いや目標を達成できるのかというコンセプトを抽出することだろう。そこから議論を進め、顧客の満足度を高める、仕事の無駄を省く、労働時間を短縮するといったアイディアを現場から募る。

そしてそのアイディアが「絵に描いた餅」にならないかどうかを確かめながら、小さな形で始めてみる。莫大なコストや時間を使わず、スモールスタートできることもRPAのメリットの1つだからだ。たとえば経理や人事の帳票づくりなど、これまで人が手作業で行ってきた単純作業やルーティンワークの一部の業務から導入し、その効果を検証したうえで、段階的に導入規模を拡大することができる。こうした実証は、ＰｏＣ（Proof of Concept：概念実証）と呼ばれる。そして技術の導入においてＰｏＣは常識だ。

ＲＰＡはソフトウェアにすぎないが、それでいて効果を上げている事例が多い。それを踏まえたうえで、ＲＰＡとはなにか、ソフトウェアロボットとはなにか、これが自分たちの会社でなんのために役に立つのかについて十分に議論し、コンセプトを立てるべきだろう。そしてそのコンセプトを証明するために小さな部門から導入し、効果を立証したうえで、他の部門や全社展開として広げていくべきなのである。

ＲＰＡのスケーラビリティ

もう1つのポイントがＲＰＡのスケーラビリティ（拡張性）である。ソフトウェアというと、ＤＶＤ－ＲＯＭを買ってきて、それを1台のパソコンにインストールして動かすというイメージがあるかもしれないが、それではＲＰＡ本来の効果をもたらさない。

ＲＰＡの導入においては、今日10台のロボットが、明日1万台になったとしても、それに耐えうる設定が必要になる。そのためには、スタンドアローンで1つのパソコンに入れて完結するのではなく、たとえば業務が変更になったり追加になったときや、一部のロボットになんらかの問題が発生した場合でも、迅速に対応できる集中管理プラットフォームが必須になってくる。また、それらのロボットを運用管理できる担当者の存在も重要である。

人間でも、５人の部署がいきなり50人に増員したら、そのままの体制でいいはずがない。グループや課をつくり、それを管轄する部長が必要になるだろう。ＲＰＡも同様で、スケールアップしたときに対応できるような設定にしてあるかどうかが非常に重要になってくる。

ＲＰＡはこのスケーラビリティとともにスピードも求められる。効果を実証すると同時に、利用や負荷の増大、用途の拡大などに応じたスケールアップをどれだけ柔軟に、かつ短期間でできるかもＲＰＡの価値の大きなポイントとなろう。

RPAの普及におけるパートナーの重要性

ＲＰＡは、導入に際してこれに賛同する人と懐疑的な人とに分かれるようだ。これまでの経験では、業務部門の人にＲＰＡを紹介すると「いいね、それ。ちょっとやってみたい」とおおむね肯定的なのだが、情報システム部門、とくに大企業の同部門の担当者には懐疑派が多い。

その心情は、「なにか問題が起きてはいけない。失敗があってはならない」という品質保持の発想からロボット導入によるリスクが頭をよぎり、肯定的にはなれないのであろう。そのためこれまでは、情報システム部を通してＲＰＡを提案すると導入に至らないケースが多かった。社内で声の大きい業務側の推進者がいる場合にだけ、導入が進む傾向があった。

また、ＲＰＡテクノロジーズというベンチャー企業が一生懸命提案しても、ＲＰＡの理念を理解しようとする企業以外にはなかなか伝わらなかったのも事実である。共感を持つ人もいたが、そうでないほうが確実に多かった。「本当？」「うさんくさいな」「そんな技術はたくさんあるなかの1つにすぎない」という意見もあった。

確かに、人によってはソフトウェアロボットというＲＰＡの考え方はわかりにくいかもしれないが、「機械型」とは違うロボットもあるのだということを知っていただき、まずはＲＰＡに興味を持ってもらうことが、その理解を深め広げる効果になると思っている。その意味でパートナー企業の存在は重要だと考えている。

現在、多くのコンサルティングファームが我々のパートナー企業として、それぞれが提供するソリューションに組み入れる形でＲＰＡを顧客企業に提供してくれている。また、コンサルティングファーム自身がリサーチ業務の一環としてＲＰＡを導入、活用しているケースも多い。たとえばマーケティング戦略を立てるために、その裏でＲＰＡを活用するという考え方である。リサーチ系の作業を効率的に進めるためにＲＰＡを使うのである。顧客にとっては、ＲＰＡを使おうが使うまいがリサーチの結果が満足できるものであれば関係はない。

もちろんコンサルティングファームとしては、大企業向けにＲＰＡを活用したソリューションを提供し、業務改革にＲＰＡの導入を促進するのが王道である。しかし、いままで面倒で時間がかかっていたルーティンワークをロボットにまかせることで、本来の業務や研究開発に充てる時間を増やすという、それもＲＰＡで実現させたい理想形でもある。

ＲＰＡの定量的な効果をみせる必要がある

リサーチ業務にＲＰＡを活用しているコンサルティングファームの１社にアビームコン

サルティングがある。同社の執行役員であり、金融・社会インフラ・ビジネスユニットで保険セクター長として保険と金融を担当する黒島浩一氏は、現在はRPAのユーザーおよびパートナーとして、日本RPA協会の専務理事も務める。

同社はRPAの専門組織をつくって、積極的な取り組みを開始している。その取り組みは大きく3つある。

1つ目は、同社のバックオフィス業務にRPAを実験的に導入し、検証していることである。そのメリットは、業務の効率化とRPAのフィージビリティスタディ（実行可能性調査）を同時に検証できることであり、その検証結果と分析をもって、活用範囲をさらに拡大していくべく検討を重ねている。

2つ目は、同社のコンサルティングワークへの活用である。顧客ではなく、顧客に結果を提示するためのコンサルティング業務にRPAを活用する可能性を探っている。

3つ目は、顧客へのソリューションとしてのRPAの提供である。

実際には、ITやシステムよりも業務改革のスキルと経験を持つBPRなどの専門家30人ほどで構成されるRPA導入支援の専門チーム「ビジネストランスフォーメーション」が担う。このチームは、アビームコンサルティングのシステム子会社で、バックオフィスの受託企業であるアビームシステムズとともにロボット開発などの機能を備え、顧客をサポートする。

「ＲＰＡという言葉や考え方は、間接部門の現場に興味を持っていただきやすい。それでも、実際に導入するハードルは高い」と黒島氏は語る。「企業には賛成派とともに必ず反対派がいる。新しいことを始める際には反対派の声が比較的大きくなる。また、総論は賛成であるものの、実際に自社に当てはめてみるとどうなのか、と疑問を持つ人も多い。こうした人たちを説得するには、定量的な効果をしっかり見せなければならない」

そのため同社では最初に簡易診断を実施し、ＲＰＡ導入により、どの業務に効果があるのかをアセスメント（量・価値の計算的評価）するサービスを提供し、対応している。

導入前の効果測定はきわめて地道

アビームコンサルティングでは、ＲＰＡ導入前に「効果測定」を行う。これは、ＲＰＡがその企業のどのような業務に向いているのかを検証する作業だ。ＲＰＡが紙をみながらのパソコンへの入力業務や、顧客・消費者からの問い合わせに対する調査・回答などの一般事務に適していることはすでにわかっており、それをさらに、企業の個々の業務に合わせた数値に置き換えていくという。効果測定の方法はきわめて地道である。

コンサルティングファームには、「ＡＢＣ（Activity Based Costing：活動基準原価計算）／ＡＢＭ（Activity Based Management：活動基準原価管理）」という方法論がある。これは、１つひとつのアクティビティ（業務）の最小単位の時間を測定して全体のコストを計算し、それを管理していくという方法論で、業務を細かく分解することで、そこにどのような非効率が潜在しているのかを発見することができる。

同時に、効果を発揮する前の現状を可視化することもできる。これらは、コンサルティング業界にとっては慣れた仕事であり、ＲＰＡはコンサルティングファームの業態そのものにフィットするのである。

課題は、ＲＰＡが大きなシステムを導入して大きな効果を生むものではなく、細かいレベルの非効率を改善して積み上げていくしくみであるため、１つひとつがそれほど大きくない効果を、顧客に対してどう説明できるかである。小さな効果や改善が集積することがどのような成果を生むのかをていねいに整理し伝えること、それもＲＰＡを提供するコンサルティングファームにとっての重要な役割である。

コンサルティングファームでは、RPAのさまざまな実験が行われている

アビームコンサルティングは、ＥＲＰにおいても多くの導入実績がある。同社がＥＲＰを導入する際は、顧客の想定している業務プロセスに合わせるために、パッケージに必要最小限のカスタマイズを施すことがある。

コンサルティングファームとしてある意味では諸刃の剣でもあるのだが、ＥＲＰをそうした顧客向けにカスタマイズせず、代わりにＲＰＡを導入することで、顧客の要望に満たない部分を補足した運用も選択肢に加えることの検証もしているという。「我々の既存サービスにＲＰＡを組み合わせることで、いままでとは異なるサービスが提供できる可能性が確実にあると考えて、検証を重ねている」（黒島氏）

今後、ある程度の導入が進んでノウハウが蓄積されれば、ＲＰＡを採用する動きは加速するだろう。そのときは同時に、採用するためのルールづくりが必要になる。そこで同社ではＲＰＡを提供する企業に対して、導入ルールや方法論をつくる支援もしている。

前述のようにＲＰＡはまだ概念であるため、それを支える技術が数多く存在し、これからも増えていくであろう。一言で「ルールや方法論をつくる」といっても、ＲＰＡが対象

とする業務や技術は今後も変わり続けていく。その変化を前提に導入のルールや方法論をつくることは、実は非常に難易度が高い。

一方でRPAのメリットは、現場の1人ひとりが自分の判断でもロボットをつくることができる点である。そのメリットを活かすには、技術の変化やスケーラビリティ、セキュリティに対応した一定のルールをつくりそれを前提としつつも、他方では、1人ひとりにロボットをつくる環境や権限を開放するという、バランスを持った統括が必要になるだろう。

成功報酬型のRPAも登場

アビームコンサルティングがユニークなのは「成功報酬型のRPAソリューション」を検討しているという点である。同社は現在、顧客へのソリューション提供を、単なるコンサルティングフィーではなく、成功報酬型という形で実現できないかを探っている。

「RPA導入に対して顧客が求めているのは、生産性向上、すなわちコスト削減である。コスト削減と、安くはないコンサルティングフィーを払うのとは矛盾する。これはコ

ンサルティングファームのジレンマでもある」（黒島氏）

成功報酬型でのソリューション提供は、言葉では容易そうだがそうたやすいわけではない。ただし、ＲＰＡの対象業務のなかでも比較的単純な作業は、導入前と後との効果を比較して測定しやすいため、成功報酬型も十分に可能であるという。

成功報酬型、すなわちコスト削減できた分の何パーセントかを受け取るようにすることで、顧客側にとってのＲＰＡの導入しやすすさは格段に向上する。

成功報酬型のＲＰＡソリューションとは、コンサルティングファームが導入に対するリスクをある程度引き受けることにほかならない。それゆえに、勝算とスキームとが確立できるよう、ＲＰＡの技術をしっかり理解することが重要になる。

「そのうえで、十分な果実を刈り取ることができるかどうかという判断も重要になる。『効果が上がるから提案する』というのがコンサルティングの基本で、成功報酬型であってもその立ち位置が変わるわけではない。ただ、自分たちコンサルティングファームに返ってくる責任が重くなることは確かだろう。

アビームコンサルティングのこれらの取り組みは、ＲＰＡを普及させていくために、顧客が判断しやすいさまざまな選択肢を用意していくことである。いま、普及期・黎明期にあるＲＰＡをなるべく多くの企業に使っていただく機会をつくることが重要だと考えてい

る」（黒島氏）

社内の人間にいかにして導入を提案するか

パソコンや自動車の新製品が発売されたとき、従来に比べて高性能・高機能になっているのは当然で、新製品を購入する意思決定はしやすい。システムにおいても同様で、技術はどんどん進化していく。したがって、情報システム部門が新設備や新技術の導入を検討する際、先進性や性能向上を判断基準にするのは自然なことである。

こうした情報システム部門の感覚からすると、ＲＰＡはわかりにくく、少なくとも「業務を革新する道具」という捉え方はしにくいようである。

なぜなら、技術的にいえばＲＰＡには新しい要素はほとんどなく、「問題解決のために既存技術を集積すること」がＲＰＡのそもそもの成り立ちの１つだからである。ＡＩも取り入れているが、これも必ずしも最先端とは限らない。情報システム部門のＲＰＡに対する印象は、「単なるＢＰＯツール」「マクロの変種」という程度かもしれない。

そのため、最初に情報システム部門にＲＰＡ導入を働きかけると、受け入れられない可能性が高い。一方、ユーザー部門では正反対の反応が見られる。導入後の業務効率の向上をイメージしやすいため理解されやすいからだ。とはいえ、ユーザー部門が想定するRPAの用途というのは、たとえば「月に一度発生する数時間の業務」といった、本人たちには気がかりでも、企業全体にとっては些細な案件が多い。

これに対し、事業部門全体を俯瞰できる立場である部長や本部長、取締役クラスになると、業務改善のイメージを大きな視点で組み立てることができるようになり、RPAの導入価値を認めていただき、最善の形で推進してくれる可能性がぐっと高くなる。

つまり、RPA導入を計画する場合には、事業部門のトップへのアプローチが最適なのである。このアプローチであれば、導入後も、空いた時間の使い方や意識改革を含め、事業部門のトップ自らが指示・指導できるので、RPAによる業務改善・改革が、社員に正しく深く浸透しやすい。

ただし、RPAも表面的には業務自動化の「システム」であるため、導入企業でもこれまでは情報システム部門が窓口になるケースが一般的だったし、企業によっては情報システム部門側からしかアプローチできない場合もあろう。そういうときには、できるだけ早い段階から、マネジメント層を巻き込むことをおすすめしたい。

RPAの導入は、全社的な規模の大きいテーマになる可能性もあるからである。マネジメント層にＲＰＡの効能を理解してもらえれば、意思決定が早まるだけでなく、導入の検証と実施に早くこぎつけるだろう。

実施は小規模スタートで

ＲＰＡの導入の検討においては広い視点が欠かせないが、いざ導入が決定したら、まずは小規模な部門単位から実施するのが成功のポイントである。最初からいきなり多くの人や部門を巻き込もうとすると、導入に懐疑的な意見も生まれやすく、計画倒れのリスクが高まる。

関心を持ってくれた人と、効果がみえやすく価値を体感・共有しやすい特定の小さな一部門内で改革を計画し、その計画に沿ってＲＰＡを進め、まずは小さな成果を生む。そうすれば、その成果を他の部門に向けてデモンストレーションすることもでき、導入に好意的な意見を得る材料となろう。

導入範囲を徐々に広げる段階では、誤った認識や活用が広まらないよう目を配る。これまで「ＩＴ」と「人」の二層構造だった業務が、ＲＰＡの導入により「ＩＴ」「人」「ロボット」の三層構造になる。すると、突如出現した便利な労働力に、なんでもロボットにまかせればいいという意識が往々にして起こる。ただこれは誤解であり、失敗を招くこともある。

私の経験では、すべてをRPAに置き換えようとすると失敗しやすい。「エクセル」に累積した500ものマクロをRPAに代行させようとしたある企業の事例があるが、うまくできなかった。たしかにRPAは、「エクセル」に標準装備されているマクロ同様、複数の手順を記憶して自動的に実行することはできる。しかし計算は「エクセル」のほうが正確である。このような経験からも、計算処理は本来のアプリケーションにまかせるようにする。

ニッチな場所を狙う

RPAは、ROIを鑑みて稟議にのせることができなかったような「現場がシステム化を諦めていた業務」でも真価を発揮する。事実、社内でRPA導入の提案の場を設けると、これまで稟議に阻まれお蔵入りしていたアイディアが次々と提案されるようになる。

私はそんな場面を幾度となく目の当たりにしてきた。これは日本特有の現象で、RPAの導入によって、いままで脇に追いやられていた、しかし革新的なアイディアが日の目を見るチャンスが生まれる。

ロボットによる代行をいかにうまく業務に組み入れていくのかは、導入側のアイディア次第である。面倒な仕事やマンパワーの代行だけでは適用範囲は限られるが、アイディア次第でRPAはありとあらゆるところに適用できる。それには社内の各部門の潜在的な要望や悩みを吸い上げる機会と場をつくることと同時に柔軟な発想も不可欠で、そのためにもRPAの最新の活用事例（第5章）を参考にしてほしい。

どこに起用するのか、なにをさせるのか、いつから始めてもらうのか——。RPAを、機械やシステムではなく「一社員」と捉えれば、「させること、できること」をよりイメージしやすく、その意味で、RPAに名前をつけることも、決しておふざけとはいえない。

「この業務を代行させたいが、ちょっとロボットには無理ではないか」と思っても、すぐに諦めず、業務の要素を分解して考えてみることをおすすめする。もしそれが分解できる作業なら、そのなかの一部をロボットに代行させることができるかもしれないからである。たとえば、業務の1から10までのステップのうち、1・2が人間、3がロボット、4が人間、5・6がロボット、7から10は人間、というように切り分けてロボットの力を借りることで、大きな業務改善につながる可能性がある。

従業員の休職時の補完、より高度な仕事に就かせるための補完

いまある仕事だけでなく、新たな事業の展開や「やらなくては」と思いながら手をつけられていない業務に思いをはせることは大切である。既存の業務のなかから、ロボットに代行させられるものを見つけ出し、その業務に就いている従業員からロボットに代行させる。

手の空いた従業員は、いままでよりも楽しくやりがいのある仕事に従事できるようになるだろう。すでに何度も述べているとおり、ロボットが仕事を奪うのではない。ロボットが代わりをしてくれることで、企業も従業員も新たなチャンスを得るということである。

また、従業員が病気などで休職したり、出産・育児休暇に入ったりしたとき、人材を補充できればいいが、そう都合よく余剰人員はないし、だからといって新たに雇用するのも容易ではない。結果として、減員分のしわ寄せが同じ部署の他の従業員にのしかかることもある。

こうした場面では、ロボットを「期間限定の従業員として雇う」こともできる。休職する側も、周りに迷惑をかける罪悪感や、復帰する際にも、自分の居場所がないのでは、という不安を持たずに済むだろう。

「ハイブリッド派遣」でより効果的な導入を

人とロボットの連携という点では、「ハイブリッド派遣」の導入実績も最近増えている。ハイブリッド派遣とは、ロボット構築を習得した派遣要員が、ロボットとともに派遣先に常駐するというモデルである。

ロボット稼働中に論理エラーが発生したら、派遣要員がエラーに対処したうえで、そのエラーパターンをロボットに覚え込ませる。そうすることでロボットは学習し、精度を向上させていく。そのため、ロボット単体の導入と比べるとより臨機応変な対応ができ、派遣先の間接部門の生産性向上にさらに貢献できる。

そして、ハイブリッド派遣は間接的に新たな雇用も生んでいる。職種にもよるものの、一般的に派遣要員は就業時間中ずっとロボットとともに詰めている必要はないので、障害者や子育て中で日に2時間しか働けない主婦も、貴重な戦力として従事することができるだろう。

「経験則に基づく現場の直感」を覚えさせる

人間でなければ無理だと思われがちなことの1つに、経験則に基づく「直感」がある。とくに日本人は、熟練によって醸成された能力を尊重する傾向がある。私もそう思う人間の1人である。

長年の経験がなければ得られない知識やノウハウ、業界通でなければわからないことは多い。それをロボットに代行させることはできないだろうか。私たちが通常、直感やさじ加減と思っているもののなかには、定量化したり定義化できたりすることも多い。それらをロボットに教え込めば、ロボットはよい仕事をしてくれるのは間違いない。

たとえば一般の小売店舗では、消費者の様子や商品の売れ行きに目を配り、頃合いを見て担当者が値下げをしたり、商品を入れ替えたりという工夫がごく普通に行われている。ところがEコマースの場合は、取扱商品が多品種かつ大量で、小売店舗でできるような消費の動向や商品のライフサイクルを、担当者が1つひとつチェックすることは不可能である。

そこでロボットに判断基準を教え込むのである。すると、ロボットはその基準に厳格にのっとって「このカテゴリーは死に筋になる」と判断し、商品を削除したり価格を下げたり、さらにはツイッターなどで「タイムセール」を告知しそこに消費者を誘導するといった手続きを自動で行ってくれる。1人の人間が手作業でやったらどれだけの手間がかかるだろうか。それをロボットなら一瞬でやってしまうのである。

人材派遣業に近い形に昇華していくRPA業界

今後RPAは、エンドユーザーやベンダーがそれぞれの垣根を越え、業界の枠も超えたRPAのプラットフォームが確立されていくだろう。

地方銀行では、システムを個々に構築する負担を避け、他行と構築したシステムを共有している。RPA業界においても、中小企業がRPAを格安で利用できるようなしくみ、あるいは業界ごとのテンプレートをつくり、クラウドの形態で各社に提供するといったスタイルが標準になると考えている。実績を増やしながらノウハウを蓄積していくことで、品質も徐々に高まっていくだろう。

人的資源（ヒューマンリソース）の領域では、マネジメントにＲＰＡを活用する動きが進んでいる。業務プロセスのマネジメントを、人間のクラウドソーシングとＲＰＡとの組み合わせで行うという新しいオペレーションが、まもなく一般的になっていくだろう。

ＲＰＡは、アジア太平洋圏へいったんオフショアしてしまった業務を取り戻すツールともいえる。日本企業は歴史的に、日本文化の特性である属人性を活かして発展してきた側面がある。属人化志向が強く、反対に標準化がなじみにくいため、業務の効率化には限界があった。しかしＲＰＡによって、日本国内においてでも業務の最適化をはかれるようになった。海外に流出した人材や業務を日本に戻すチャンスといっていい。

ＲＰＡはいつでも誰でも借りることができるものになる

近い将来、ＲＰＡは「いつでも誰でも借りることができるもの」になるだろう。すでに大企業では、そのような流れができつつあり、ＲＰＡは会社の自動化基盤として採用され始めている。RPAが代行できるような業務は、必要な期間だけ、RPAを借りて対応させるという考え方である。そのために「ロボット相談窓口」のような組織がつくられ、ここがRPAを貸し出しするという流れができるだろう。

将来的にRPA技術がこなれて技術者も増えれば、中小企業や零細企業でも、簡単な作業はロボットにまかせ、社員はより付加価値の高い作業にシフトする流れを創り出すことができる。そしてRPAの提供チャネルが末端まで広がれば、ロボット技術者を雇い入れた税理士や会計士がRPA提供サービスを始めるかもしれない。

彼らはすでに、クライアントの本業を支援するうえで、兼業で保険販売をしている。企業の経理業務を担っている彼らは、RPA導入のアドバイス役として適任である。実際、日本RPA協会には、税理士事務所からも問い合わせがあった。

同様に小回りの利くRPAベンダーやRPAプロバイダーなども登場するに違いない。そうなれば、RPAの普及がさらに加速し、導入時のコストも一気に下がっていくだろう。

*

企業のビジョンやミッションに沿ったマネジメント視点での改革と実現可能なソリューションを活用することにより、企業の持続的な成長をめざすことが重要である。しかし日本の労働人口は今後、確実に減少していく。それでも日本が世界で先頭を走る国であり続けるには、1人ひとりが付加価値の高い仕事にシフトしていくことが必要なのはいうまでもない。

RPAは、付加価値が相対的に低い業務をロボットにシフトすることで、そこから解放された人々の労働力を高付加価値の業務に再配置するしくみである。経済産業省の提言もこれを基本としており、私が日本RPA協会を設立した意図もまさにそこにある。

Robotic
Process
Automation

第5章

RPA革命で変わる業界

そのケースメソッド

case 1

RPA導入成功の鍵は徹底した業務の可視化・標準化

――●オリックス株式会社
業務改革室 業務改革第三チーム長
オリックス・ビジネスセンター沖縄株式会社
企画開発部 東京オフィス 部長
長澤拓馬氏

いまや観光地としてよりも情報通信関連産業の拠点としての側面が色濃くなってきた沖縄県には、多くの大企業がバックオフィスや研究機関の拠点を置いている。なかでも、世界37か国で幅広い分野の事業を展開するオリックスグループのシェアードサービスセンター「オリックス・ビジネスセンター沖縄株式会社（OBCO）」は、現場の高い意欲と自主性を武器に、独自の生産性管理を模索し驚異的な業務改善をはたし、他業界からも高く注目される存在である。見学希望者が後を絶たないという。

OBCOの強みは、徹底した業務の可視化・標準化を実現していることである。縁あって導入することになったＲＰＡを、驚くほど短期間で軌道に乗せ、大幅な効率改善をはたした。結果を出せた要因はどこにあるのか、本社業務改革室の長澤氏に話をうかがった。

現場主導の徹底した可視化・標準化で大幅な生産性向上を実現したＯＢＣＯ

東京オリンピックが開催された１９６４年、まだリースという概念がほとんど存在していなかった日本にリースという新しい産業を普及させるべく、オリックスは誕生した。創業から50余年、リースを起点に事業の幅を広げ、多角化・国際化を推進してきた当社は、２０１６年3月末現在、従業員3万３０００人、37か国に２０００を超える拠点を抱えるまでに成長。多様化する社会のニーズや経済環境に合わせ、自動車、船舶、航空機、不動産、生命保険、銀行など多様な分野でサービスを提供している。

１９８９年の社名変更時は、収益構成における金融事業と非金融事業の比率が９：１であったが、２０１５年では２：８となっている。サービス領域への事業拡大は、当社の業務体制にも変化をもたらした。バックオフィスを含む顧客接点のパフォーマンス、つまり「現場力」の重要度も増し、事業戦略やビジネスモデルと並んで当社の競争力の１つとなってきた。

攻めのＤＮＡを武器に成長してきた当社はそうした経緯から、ＩＴやバックオフィスの強化の重要性を意識し、オリックスグループ本体の業務改革室、オリックス・システム株式会社、オリックス・ビジネスセンター沖縄株式会社（ＯＢＣＯ）の３社の連携で改革に積極的に取り組んできた。ＯＢＣＯは１９９９年に設立された、グループ12社の業務を８００名強の体制で受託するシェアードサービス子会社である。

シェアードサービスといえば経理・総務・人事などの間接業務を集約する形が一般的だが、ＯＢＣＯはその範疇には入らない。ＯＢＣＯが請け負うのは、リース契約や保険、レンタカーなどの分野の直接業務である。シェアードサービスとはいっても扱う業務が顧客や営業に直結しているため、顧客ごとに異なる対応が必要となり業務が複雑化しがちなうえ、業務の性質上、季節や日次による繁忙閑散が避けられない、スピードが求められるという要件を抱えている。

グループの成長とともにＯＢＣＯが扱う業務も増える。もとより作業の効率化、作業環境の改善に余念のなかったＯＢＣＯではあるが、本腰を入れるきっかけとなったのは、折しも発生したリーマン・ショックだった。かねてよりの懸案だった業務の集中化を改善するため、徹底した可視化活動・標準化活動を開始したのである。現場主導ですべての業務を洗いざらい書き出し、業務分解・時間計測の結果に基づいた試行錯誤を7年にわたり継続してきた。

時期によって繁忙閑散が変動する組織ではピーク時に合わせた体制づくりが必要で、OBCOにおいてもどうしても閑散期が発生する。しかし社内ではグループ会社のA社の業務を行うチーム、B社の業務を行うチームというように管轄が分かれており、日頃から業務が可視化できていれば、閑散期のチームの人員が繁忙期のチームに応援に駆けつけることができる。

従来、自主的な助け合いの精神からボランティアで行われてきた行為ではあるが、こうした部分でも、他チームのヘルプ対応をした分は管理会計上の人件費から差し引くというように、1つひとつの作業の紐付けを徹底した。その結果、少量多品種の業務も工場のような水平分業に仕立てることに成功。繁忙閑散に合わせて受託会社の垣根を越え、機動的に人が移動して平準化する臨機応変なモデルの実現に至った。

業務のあり方を思案していたところに訪れたRPAとの出合い

OBCOの本拠地沖縄でよく使われる言葉に「ゆいまーる」がある。「相互扶助」の意味で、沖縄の人々や風土に浸透する助け合いの精神を示す象徴的な言葉である。さらにオリックスグループの文化ともいえる「やってみよう」という高いチャレンジ精神も加わり、OBCOの社員は現場主導で自律的に業務改善に取り組んできた。

かくしてOBCOは、当初50%だった稼働率（所定労働時間における委託元の業務に従事する時間の割合）を、80%という驚異的な数字に引き上げている。改善の成果は徐々に緩やかになってきているが、人的オペレーションでやれることという意味では、いわば最適値に近いところまで生産性が向上した状態であり、改善スピードが頭打ちになるのも当然のことである。

それでも当事者たちの間には大きな懸案があった。人的資源の効率化を追求してきたが、業務改善で解決し続けるだけではたしていいのだろうか、という疑問である。グループの事業は好調に推移しており、OBCOに舞い込む仕事も増えることはあっても減ることはない。キャパシティの問題で依頼を断らざるをえないこともある。もちろん人を増やせばすむ話ではあるが、そもそもの業務の工程に、人を増やすだけでは解決できない非効率や不経済が潜んでいるなかで、やるべきことは別のところにあるのではないかという、根本的な命題である。

偶然にもそのタイミングで、RPAとの出合いが訪れた。私が所属するオリックス本社の業務改革室に大角氏の来訪があり、RPAを紹介されたのだ。それまで私はRPAのことをまったく知らなかった。RPAの概要を聞いて、具体的な確信がすぐに持てたわけではないが、潜在的な可能性は感じられた。

なにより、業務の現場を牽引するリーダーたちが扱えそうだと直感できたことが大きかった。ITに強い人でなくても使いこなせるという謳い文句が本当なのか、業務体系やフローには強いがITの専門家ではないメンバーにさっそく試してもらうことにした。

まずは社内でビズロボの操作説明会を開催してもらうところからスタートした。時間にして3~4時間ほど、業務ロボットをつくるフローの研修である。操作してみると、確かにITにさほど精通していなくても十分に扱えそうだという実感があり、すぐに実際の業務に試してみることになった。

OBCOはRPAの可能性にいち早くピンときていた。RPAテクノロジーズに導入のための研修を依頼すると同時に、OBCOの従業員800名分の業務の棚卸しと、RPAで代行する業務の選定を並行して行った。そんなスピーディな行動ができたのは、すでに業務の可視化・標準化が徹底されていたOBCOではすべての業務をクリアに見渡しやすかったからにほかならない。イノベーションを積極的に推進するオリックスグループの風土も幸いし、得体の知れないロボットの導入に躊躇する声に阻まれることもなかった。

理論的には最大100人月の業務のロボット化が可能

トライアルの対象に絞ったのは、レンタカーの予約受付業務だった。レンタカーの予約情報は、多数存在する代理店各々のWebシステムのオリックス向け専用画面を通じて共有されており、この情報を取得してオリックス側の予約システムに入力する業務をOBCOで行っている。

従来は、各社Webサイトの一覧から該当データを1件ずつ開き、予約個票をプリントアウトし、効率的な手分けになるようスタッフに配分、それを手入力し、それを別のスタッフの目でダブルチェックしたところで、最後に各社Webシステムのステイタスを受付済みにするというのが、作業の一連の流れだった。

かっちりシステム化されているようでいて、各社のシステムに入るためにID／パスワードを毎回入力する、1件ずつプリントアウトする、ミスが起こらないよう二重チェックするなど、システムとシステムの隙間に人手と紙に頼る作業が介在するのだが、さすがにここはITでは解決できない、代替できない作業と考えられてきた。

こうした「人手による対応しかできないと思われていた業務」と相性のいいのがロボットだった。ビズロボのしくみを学んだ現場のスタッフが、ロボット制作に費やした期間は

1週間足らず。各社Ｗｅｂサイトを見に行き情報を取得し、エクセルに情報を落として予約一覧を完成させるところまでをビズロボに代行させてみたところ、すぐに6人月分の業務が代替でき、問題も起こらないことが確認できた。導入は現在進行中であり、ＲＰＡ化が完了しているのは情報を集めるところまでだが、将来的にはオリックス側のシステムに入力するところまでロボットに代行させる予定だ。

この予約受付業務での成果を受け、すでに他の業務への応用の準備も進めている。注意したいのは、業務の内容によっては代行がうまくいかない場合もあることだ。ロボットの機能というよりはシステム環境の問題で、入りたいシステムにビズロボがログインすることができないといった、技術的な障壁があるにはある。そういう意味でも安定運用が可能かどうかの検証は必須だが、ＯＢＣＯでは今後、理論的には最大１００人月の業務をロボット化できると見込んでいる。

ＯＢＣＯがロボット化と高い親和性を持つ5つの要因

グループ会社からの事務処理の依頼が同時期に大量に舞い込んだ場合、これまでなら一時的に人員を増やすか、断るかしなければならなかった。だがＲＰＡを活用すれば、業務のボリュームの増減に余裕をもって対処することができる。ＯＢＣＯがロボット化と高い親和性を持つ要因を挙げるならば、次の5点になるだろう。

① 業務が可視化されているため、ロボット化が可能な業務を短期間で棚卸しできる。
② 業務が可視化されているため、ロボット化の投資対効果が算出しやすい。
③ 大量の業務がＯＢＣＯに一元的に集約されているため、経済効果が高い。
④ 業務が標準化されており、業務フロー記述に熟達したスタッフも多いため、ビズロボの制作・操作が比較的容易に行える。
⑤ 業務可視化とマルチタスク化により人材流動化ができており、ロボット化により創出されるリソースの再配置が可能である。

つまり、ＯＢＣＯの強みとする部分がロボットの導入にマッチしたといえる。その意味では、どんな企業・組織でも簡単にロボットを導入できるとは限らないだろう。業務の交通整理がきちんとできていることが前提条件となる。

業務の可視化・定量化はそう容易なものではない。周りを見渡しても、アクション単位での可視化ができている企業はあまり見受けられない。ではなぜＯＢＣＯでは実現できたのかといえば、リーマン・ショックを境に体制の見直しにあたる際、コンサルティング会社やインドのＢＰＯ（Business Process Outsourcing）会社とも提携するなど、優れたノウハウを外部から積極的に取り入れたこともあるが、大きな要因は、もともとＯＢＣＯの現場に問題意識が強く、貪欲に試行錯誤を繰り返した取り組みを通して、「ＥＣＯまるアーツ」という可視化を支える業務計測ツールもつくるなど、まさに現場の力でいまのオペレーションを実現できていると考えている。

ＲＰＡ導入の設計は業務全体のフローとセットで

ＲＰＡの最大の特徴は、パッケージソフトなどとは異なり、それ単体では機能しない点だろう。それゆえ、使い方次第で成果の度合いは大きく異なるはずだ。実際に導入してみた立場からいえるのは、ＩＴ化や働き方改革など業務の大きな枠組み全体とセットで設計し、展開するのが大前提だろうということだ。

たとえば１つの完結する業務プロセスにおいて、システムの観点からは、どこまでを基幹システムでカバーし、どこをロボットで補完するか。業務内容の観点からは、どこまでを社内で行い、どこを在宅業務や業務委託で補い、どこにＢＰＯを活用するか。そうした検討や議論がなされたうえで、初めてＲＰＡを導入する意義、効果が明らかになってくる。さもなければ、かえって業務プロセスを複雑化してしまうことにもなりかねない。

ＢＣＰの観点からも、まず業務を細かく分解し、判断分岐のない、比較的単純な業務のロボット化から始めるべきだと考えている。現段階において、企業がＲＰＡを導入することには大きく２つの意義があるだろう。

１つは、システムの隙間に取り残された人手による業務を代替し、人間を解放することだ。基幹システムは、文字どおり骨太の幹である必要がある。変化が大きい要件に枝葉を伸ばすべきではないのが鉄則で、エンドユーザーの意見にいちいち耳を傾けていては安定した基幹にはなりえない。

ただしそれは正論であり、現場では、日々業務の仕様に変更がかけられたり、想定外のことも起きるものである。そのため、よかれと思って現場の人間が当初の設計にない使い方をしてみたり、複雑化したエクセルなどのＥＵＣ（End User Computing）を編み出してみたりと、業務継続のリスクを引き起こす場面が往々にしてある。

だからといって、細かいエンドユーザー要件にこまめに対応したくても、すべてに都合よくシステムを構築することは、システム部門の資源的にも、また技術的にも不可能だろう。結果として、すくい上げられなかった部分にリスクやムダを内包しながら日々業務を遂行している企業が多いのではないだろうか。

また、企業間で複数のシステムをまたぐ業務なども、どうしても人手が必要になるケースが多い。こちらの立場からすると、こちらのシステムに合わせた情報が欲しいところだが、先方には先方のシステムがあり、数ある取引先のなかの1社のためだけに特別な対応をすることはできない。こうした、これまで抜本的な解決策がみつからなかった、構築されたシステムからこぼれ落ちた業務を、「デジタルレイバー」は一手に引き受けることができる。

もう1つの意義は、現場に即した補完的なシステムを、現場の人間が自らの手でつくれるようになる可能性があることだ。システム部門に頼らずに必要なシステムを現場で開発・運用することで、効率化の加速が期待できる。一方でシステム部門のスタッフは、より根幹となるシステムの強化やイノベーション推進に専念することができるようになる。これは組織にとって大きな利点になるだろう。

RPAの本質はバックオフィス業務を効率化するシステムの民主化

日本でもRPAがこれから急速に普及していくだろう。普及途上の現時点において気がかりなのは、業界として支援体制やリソースが不足していることだ。ＲＰＡの最大のインパクトは、各企業が自前でロボットを最適設計し運用できることだが、初期には講習会の実施やコンサルタントによる導入支援が不可欠である。ＯＢＣＯでの経験からいっても、最初は助けを借りてでも、とにかく早く検証、導入し、運用しながら人材や精度を高めていくことが成果につながる近道だと感じる。支援体制の充実に早急に取り組んでほしい。

導入の規模やタイミングも重要な要素だろう。ＲＰＡは現場で自由につくれるだけに、規模が大きくなったり、まかせる業務が複雑になれば、既存の社内システムと連携した運用標準が必要となる。

だからといって、始める前からルールづくりで立ち止まったり、厳しすぎるサービスレベルを要求していたのでは、ＲＰＡのよさである手軽さ、ＩＴシステムにしばられない自由さが機能しなくなってしまう。その意味では、システム部門をはじめ社内に対して、ＲＰＡが安全なしくみであるという評価や、要件による向き不向きの情報が整備されていると、導入の実現がよりスムーズになるのではないだろうか。

また前述のように、業務を細分化し、極限まで標準化しきったように思えても、業務フローのなかにはどうしても人による判断が必要な部分が残るものだ。将来的にはＲＰＡが判断までできるようになるとされているが、少なくとも現時点では、業務のなかに判断を要する部分が残されていたり、業務フローが複雑になりがちなケースは避けたほうがいいだろう。ロボット化がしにくい、あるいは効率が悪くなる可能性が高いからだ。経済効果を出すためにも、かつエラーを防ぎ安定や継続性を担保するためにも、まずは徹底的に業務を可視化・標準化してからロボット化するのが望ましい。

ＯＢＣＯではこれからＲＰＡの本格導入に入るが、改めて振り返ってみると、ＲＰＡ導入の成功の鍵は、業務の可視化・標準化にかかっていると痛感する。組織が試されているといってもよい。ロボット自体の技術や性能の問題ではない。

大角氏のいうように、ＲＰＡに使われている技術は決して高度でも最新でもないし、成果の良し悪しは使い方次第なのだ。現場の粘り強い試行錯誤で実現したＯＢＣＯの可視化活動・標準化活動の成果がなければ、ＲＰＡでここまでの結果を出すことはできなかったはずだ。

可視化ができているから、ＲＰＡに向いている業務が何人月分ある、というように速やかに候補の業務が抽出できるし、ロボットの設計もシンプルになる。知識の観点でも、ＩＴの知識より業務の全体を把握していることが大事で、隅々まで把握しているマネジャーがいるからロボットがつくれる。可視化しているからこそロボットに代行させる業務の範囲を絞ることができ、実行中のエラーが起こりにくい。長年にわたり標準化を続けてきたので、想定外のトラブルが少ない。日頃の現場の取り組みが、ロボットを効率よく稼働させる原動力になっている。

沖縄県は、かねてよりＩＴ人材育成事業を強力に推し進めており、県内には優れた人材と技術力が集約されている。周知のとおり、大手企業のバックオフィスや研究機関が相次いで沖縄に拠点を構えている。こうした沖縄の現状、さらにはＯＢＣＯにおける業務改善の経験に鑑みて、オリックスグループのみならず、今後の日本におけるＲＰＡ普及に「沖縄」がはたしうる役割は大きいと期待している。

case 2

日本人の働き方改革の本丸「RPA」

●キューアンドエーワークス株式会社 代表取締役社長

池邉竜一氏

RPAテクノロジーズが誕生する以前の2006年から、大角氏のパートナーとしてともにRPAを推進してきたキューアンドエーワークスの池邉竜一氏は、人材派遣という立場から、RPAを活用するための企業の業務設計の見直しを強力に推し進めている。池邉氏は「人の創造性を刺激する業務設計」という発想で、「人材の派遣」から「人材＋ロボットの派遣」という「ハイブリッド派遣」サービスに行き着いた。池邉氏が語る「未来の日本の雇用のあり方」にはRPAが深くかかわっている。

高齢化する派遣社員

現在、派遣社員の多くは就職氷河期世代である。彼らは、当時「一般職」と呼ばれていた正社員の代替要員として社会の需要とともに広がった。それが人材派遣市場拡大の始まりであった。

実はいま、こうした派遣社員の高齢化が進んでいる。

一般社団法人 日本人材派遣協会が2015年1月27日に発表した「派遣社員WEBアンケート調査」によれば、2015年現在、「派遣で働いている人」の88・0％が女性で、「最も多い年齢層」は40～44歳の21・8％。「全体の平均年齢」は38・1歳であるという(https://www.jassa.jp/employee/enquete/150127web-enquete_press.pdf)。

派遣先の仕事は「定型化された業務」が大多数を占めるが、そこで指揮命令者としてチームを切り盛りするのが新卒入社から数年目の若手社員であることはそう珍しくない。そのため、若手社員が40歳近い派遣社員に仕事を指示するという、正社員と派遣社員の間の年齢ギャップが顕著になっている。

もう1つ、人材派遣業界の高齢化の要因には主婦の社会復帰が挙げられる。女性が結婚・妊娠・出産を経て、子育てをしながら仕事を再開する場合、その両立を考えたとき、彼女たちにとって、業務手順が比較的整っている派遣の仕事のほうが都合がよい。

また一方で、派遣を受け入れる派遣先企業においては、改正労働者派遣法が施行され、2015年からは「同じ派遣スタッフは上限3年」という制限になり、「法律がコロコロ変わるので使いづらい」という意見をよく聞く。実際、労働者派遣法は5年に1度のペースで改正されている。理由は景気と雇用が流動的で、硬直的な制度のままでは時代に適応できないからである。

こうしたことから、派遣先企業においては、同じ派遣社員が同じ職場で長く働くことを前提とした長期的な業務設計の構築は非常に難しくなってきており、高齢化が進む派遣市場における調達ニーズは今後さらに変貌を遂げていくだろう。

業務「定型化」のきっかけはウィンドウズ

2006年、まだRPAテクノロジーズが誕生する以前、オープンアソシエイツに在籍していた大角氏に私は会った。私がRPAに関心を持ったのは、同社の掲げる「業務効率」の考え方であった。

当時の人材派遣業務には、定型化されている業務だけでなく、「定型化されていない業務」も多かった。実は業務が「定型化」され始めたのは1995年からで、そのきっかけとなったのがマイクロソフトのウィンドウズである。

このOS（基本ソフト）によって、企業の業務は「ワープロからパソコン」へとシフトし、「ウィンドウズ95」が登場して以降は、ハードウェアに左右されず、ソフトウェアだけで文書や表計算ができるようになった。ソフトウェア時代の到来である。また、業務手順に「エクセル」が加わったことも業務の「定型化」に拍車をかけた。

そのエクセルに対する人材派遣へのニーズは大きく2つある。1つは「エクセルを使って1からフォーマットをつくれる人」、もう1つは「そのフォーマットに入力できる人」である。我々の業界では「エクセルが使える」といっても全く要求のレベルが違う。

もし、企業の要求が前者の場合、ハイスキルな能力が必要となり派遣できる人員はごく限られる。したがって我々にとっては、当然、後者のほうがビジネスに結びつきやすい。

そこで、大角氏たちにエクセルを駆使していただき、マクロを組み業務効率を改善してもらうことで、働きやすい下地をつくってもらい、そこに我々が人材を派遣していった。

業務改善の下地ができていれば、送り出す人員にそれほど高いスキルは必要ない。文字どおり、「エクセルのフォーマットに入力できる人」であればよかった。

RPAから発想した「人」と「ロボット」をセットで派遣する「ハイブリッド派遣」

しかし、２００８年にリーマン・ショックが起き、企業からはコスト削減の要求が非常に高まった。これを境に我々は、大角氏とは違う道を歩み始めた。それが「ＢＰＯ(Business Process Outsourcing)」である。オフショア（海外）で最初に選んだのは中国大連市、ニアショア（国内）は青森県八戸市に事務作業の集積センターを２０１１年に置き、インターネット関連の付随業務を処理するＢＰＯサービスを開始した。

寒い地域の人は総じて地道にコツコツ仕事をする。中国の東北地方にある大連もその例にもれず、その気質は事務作業の集積センターの求める人物像には十分合致していた。現在では、大連もかなり都市化が進んだが、当時はまだ、そうした東北地方気質は残っていた。

ところがその後の中国の経済成長は著しく、すごい勢いで賃金レートが上昇していった。そこで我々は、国内では当時、沖縄県に次いで給与水準が低水準にとどまっていた青森県八戸市に集積センターを移した。

青森はいわずと知れた日本の東北地方だ。同じ業務であれば生活コストの安い地域に移管することで、全体的なコスト削減ができる。我々は、集積センターの設置地域を変えることで、人員の品質を維持しながら業務効率をはかった。

一方で当社は、ＢＰＯを通して人にノウハウが集積されて、業務効率があがり、生産性が高まるなか、その人たちの能力発達と我々がやっている能力開発への投資には矛盾があることに気づいた。

どういうことなのか。

たとえば、通常よくいる一般的な技能を持った人の場合、我々は定型の業務を用意したり、雇用がないところに仕事を持っていったりと、さまざまな方法でその人に適した仕事をアレンジすることができる。しかし、熟練した人材に対してそのスキルに見合った業務割当ができているかどうか、限られたエリアに業務を集積するだけでは、能力発達や能力開発の機会には限界があると疑問に思うようになった。

これが人材ビジネスの難しい側面である。創造性ある仕事の方向をめざすべきところを、職場の異動や職務の変更だけでスキルアップさせようとするには、どうしても無理がある。

その頃大角氏たちは、RPAの前身となるソフトウェアロボット「ビズロボ」を活用した業務効率化の研究に走り回っていた。そこで私は再び大角氏との接点を新たな局面で見出すことによって、すなわち定型業務を人ではなくロボットにさせることで「人の創造性発揮を伸ばす業務設計」に業務を置き換えることができるのでは、という考えに至ったのである。つまりRPA化を前提とした業務で基本設計し、そこに必要な人員を割り当てるほうが適切なのではないのか。そして、この割り当てる「人材」についても発想を新たにした。それが「人とロボット」をセットで派遣する「ハイブリッド派遣」であった。

業務設計の見直しがもっとも優先される企業の課題

大角氏と話をしたときに直感的に思ったのは、1つは、システム開発よりも「人とRPA」を投入したほうが環境変化への対応が速いということである。

大角氏たちの提案は100%ロボット化なので、そこには業務改革を推進していくうえでの苦労がある。しかし我々の場合は、業務改革を推進するうえでシステム開発を実施する初めの半年~1年の間、現場のソリューションとしては、まず人を投入して人海戦術で対応しましょう、と提案する。その間にシステム開発を進め、そのなかからもっとも属人的な業務を整理し定型化できそうな業務を選別、難易度を設定する。

それから3つほどのフェーズに分けて、最初の約3分の1の開発が進んだ段階では、難易度の低い定型化業務が整理される。それに伴い、定型化業務の業務量の変化に沿った人員を充てて残りの定型化業務が遂行される。次に、3分の2の開発が進んだ段階では難易度中レベルの業務が定型化、リソース不足で困窮している他現場に余剰人員を振り替えた後、残りの開発領域は、ボラティリティ（資産価格の変動）や環境変化で調整を余儀なくされる可能性を想定し、すべての業務を開発することをリスクと捉え、そのまま人を活用して不確定要素に対応することが多い。

要するに職場には、システム開発に適している業務領域とそうでない領域があるということだ。適している業務領域にはＥＲＰを導入して段階的にすべて自動化できるが、システムの開発完了後にも、コスト面や業務変更の発生リスクの観点から現段階では人がやらざるを得ない定型業務が残る場面も想定できる。この「残ってしまった定型業務」こそが、ＲＰＡにもっとも向いている領域なのである。

また、いまはクラウドの時代になり、自社の外部に企業データを保管するという動きが加速している。Ｗｅｂ上のデータをＩＤとパスワードで管理するクラウドは、我々がいま進めているＲＰＡと非常に親和性が高い。ＲＰＡなら、人間と同様にロボットが、ＩＤとパスワードを介して自社システムとクラウド（Ｗｅｂ）の間を自在に行き来し、作業することが可能だからである。

そして大事なのは、もう1つの「人材不足」である。余剰人員がいれば、その人材を活用すればよいが、実際にはいない。しかも、賃金が高騰しているだけでなく売り手市場でもあり、欲しい人材を経営の狙ったタイミングや費用で採用できないことが、企業のいちばんの悩みであろう。

人材不足、そして少子高齢化が進む現在の時代背景を考えると、人に頼っていた従来型の業務設計、すなわち「定型業務」と「非定型業務」が混在した業務設計の状況を見直さなければならない時期に来ている。それが企業においてもっとも優先される課題ではないだろうか。

RPA化により人材派遣の3つの新雇用創造チャンス

当社がRPAと一緒に人材を派遣する「ハイブリッド派遣」サービスに行き着いたのは、2016年である。RPA化によって、企業内には3つの雇用が生まれる、それは人材派遣の「3つの新雇用創造チャンス」でもある。具体的には、

チャンス①：RPAに適したロボットをつくる人
チャンス②：RPA化された業務設計のなかで働く人
チャンス③：RPAに適したロボットをサポートする人

――である。たとえば、ビズロボはWeb上で動くため、アクセスしたホームページがリニューアルされるなどの変更が発生すると、当然エラーになる。ロボットも完璧ではなく、修復や調整が必要で、RPAにはRPAならではの人材が求められる。

それではチャンス①から順にみていこう。

チャンス①：RPAに適したロボットをつくる人

当社でRPAに適したロボットをつくっている人のなかには、障害を持った人たちもいる。障害者雇用促進法によって、企業は、障害を持つ人を一定割合（常時雇用する従業員数の2・0％）雇用する義務がある。それが達成できない場合、不足人数1名につき月額5万円の障害者雇用納付金を納めなければならない。

人材派遣会社が派遣する人材も、厚生労働省は「社員」としてカウントするため、登録数にもよるものの、2・0％を順守しようとするとかなりの人数にのぼる。では、それだけの人数に見合った業務があるかといえば、窮状を訴えざるをえない状況が続いているのが、かつての私の認識だった。

一方で、重度の障害を持つ人の採用に対しては、1名を2名とできるダブルカウント制が適用される。そこで当社では人数ではなく、障害程度等級を基準に法定雇用率を達成している。自宅から出ることが困難な重度の障害を持った方でも、在宅でも仕事が可能だと考えたからである。

当初、その人たちには手書きのエントリーシートをデータ化してもらっていた。在宅だから細かな指示が必要な仕事は難しいだろうと考え、簡単な仕事だけをまかせていたのである。

ところが、ＲＰＡを通じて気づかされたことがある。重い障害があって在宅を余儀なくされている方にはＩＴリテラシーの高い人が多いということだった。しかも、驚くべきはその検索能力である。

考えてみれば当然で、外出しにくいのだから、世界がどうなっているのかを知りたいと思ったら、ＩＴやネットを利用するのが効果的だ。わからないことがあればネットで探し、自分自身で解決していく。日常的にＩＴに触れていれば、リテラシーは自然に向上する。

そこでＲＰＡのロボットを彼らにつくってもらうことにした。すでに数名の方が、「スカイプ（マイクロソフトが提供するインターネット通話サービス）」で研修を受け、制作に取り組んでいる。

この事例は、ＲＰＡによって「雇用の質」が変わった1つの典型である。そしてこれは我々にとっても次のビジネスチャンスにつながる。これまで障害者だからという理由で単純な仕事しか与えられなかった人たちにRPAに適したロボットづくりをまかせることで、新たな一大雇用を生み出せるのではないか、と私は考えている。そして、この新しい派遣ビジネスのパイロットケースはすでにできあがっている。

チャンス②：RPA化された業務設計のなかで働く人

派遣先の企業から、週に5日・1日8時間勤務してもらいたいという要求がある場合、子育て中の女性の多くはこれまでこの要求に対応することができなかった。企業側も週5日・1日8時間で業務設計をしているため、例外を設けることも難しかった。そこで、たとえば「2人で4時間ずつ」というように、業務を細分化し組み合わせることで対応してくれる企業も出てきたが、目標の業務を短時間でこなすのはやはり困難である。

ところがRPA化すると、単純なルーティン業務はロボットが代わりにやってくれるので、短い就業時間でも十分に活躍できる人たちの雇用が増える。また、実績はまだ乏しいものの、RPA化によって「確認だけ」の作業が増えるため、シニアでも対応できる業務が増える。要するに、短時間しか働けない主婦や、複雑な作業への適応が難しいシニアの方も、RPA化された業務設計のなかでは十分活躍できるということである。

しかも、就業時間を短縮すれば時給を上げることもできるので、人材の確保とコストのバランスとを取ることができる。RPA化した業務設計で人による作業を少なくできれば、短時間就労でも業務の品質は損なわれない。

また、かつてITリテラシーの高さが要求される企業に勤めていた女性であっても、子育てをしながらその高いリテラシーを発揮できる仕事をみつけるのは容易ではない。退職後にワークライフバランスに合った職場を探そうとしても、働ける時間の制約があり、子育てにおける突発的な対応にも耐え得る代替可能な業務となれば簡単な事務作業が主流となる。そうした子育て中の女性においても、自身のキャリアを活かしてRPAのロボットを在宅でつくることが可能になる。

このようにRPA化によって、ITリテラシーが高ければ、在宅でも自分の能力を十分に活用することができるため、いままでの人材派遣の市場ではなかなか需要と供給がかみ合わなかった労働力が、RPAの浸透によって新しい価値を持ち、「雇用の質」を変える。そんな時代がまさに到来している。これは、大角氏と私が「新雇用創造」と呼んでいるビジネス戦略である。

チャンス③：RPAに適したロボットをサポートする人

RPAによるロボット化とはいっても、永遠にロボットをつくり続ける必要はない。R

ＰＡの導入の際に最初にロボットをつくれば、後は業務手順の変更などに対する微調整だけで済む。しかし、運用していくためにはサポートは欠かせない。このサポートの領域が、我々にとって新たな雇用ニーズになる。

そのサポート人材を社内で抱えるか、それとも我々が派遣という形で提供するのか。言い換えれば定常的に必要なのか、それともある時期だけに限り必要なのかであり、我々の人材派遣に適しているのは「ある時期だけ必要」な場合である。

人材派遣とは、「期間を定めたジョブマッチング」である。ＲＰＡに適したロボットをサポートするために、我々はＲＰＡの技術習得に1年をかけた。ＲＰＡを十分理解したうえで世の中に提供しようとすれば、やはりそれくらいの時間はかかってしまうということである。この育成時間を各企業がそれぞれ負担することなく、ＲＰＡ化を求める企業が必要なときにサポートできる人材を派遣されることで企業のＲＰＡ化は加速できる。

ＲＰＡの推進は業務改革の本丸

ＲＰＡ化すると第1段階としてタスクが減る。それによって空いた時間の活用で望ましいのは創造活動ではないだろうか。たとえば「この仕事をどのように設計すれば自動化できるのか？　この職場をどうしたらよいのか？」を考えるためにその空いた時間を使う――。私は「人とロボットが協働する世界の創造」を推奨したい。

いまの日本の正社員就業における人口構造は、企業が就職氷河期に採用人数を絞ったせいでいびつな「トロフィ型」になっている。そのくびれに当たる30代後半～40代の人たちは、正社員としての採用人数枠が少なかった時代に自ら受けた育成体験が乏しい経験の下、人材不足時代に採用された若手世代を育てなければならず、十分な実践を経ないまま、あれもこれもと押し付けられている状態である。

タスクが多いこうした人たちや、ルーティン業務をやりながらマネジメントもこなしていたような人たちは、ＲＰＡを使うことによって、複数業務を同時に処理するマルチタスクの重荷から解放されて、本来自分がもっともやるべき仕事に集中することができるだろう。一方で、ＲＰＡ化とともに考えなければならないことも出てくる。それは自分の業務が定型化できるのかどうかを自問自答することである。

私は、人間には一定のルールに基づいた「自由と責任がある」だけでなく、「考える自由と実行する責任もある」と考えている。その意味でＲＰＡの推進は業務改革の本丸であり、これから仕事で必要とされる人材は、ＲＰＡやＡＩをどう活用するのか「人とロボットが協働する世界の創造」をできる人である。人は、自分の仕事をＲＰＡに取られたくないと考える時点で、進化は止まる。これからは積極的にＲＰＡを使いこなし、業務設計を見直した後、創造する機会が増える働き方を推進できることが重要なスキルになっていくであろう。

case 3

「変化への適応」で未来を創る

●ソフトバンク株式会社
法人事業戦略本部
新規事業推進統括部
Watsonビジネス推進部 担当部長
松井孝之氏

現在ソフトバンクは、ＲＰＡテクノロジーズとの協働で、人型ロボット「Pepper」や、Cognitiveテクノロジー（認知技術）を採用した人工知能型システム「IBM Watson日本語版」とＲＰＡとの連携を検討している。ＲＰＡアプローチを取り入れることで、より多くの顧客課題の解決をはかることがその狙いである。また、２０１６年2月にIBM Watsonの自然言語処理技術が日本語対応したことを受けて、同社では独自のＱＡシステムをつくり上げた。同システムのベースとなるIBM Watsonのトレーニングデータの生成プロセスにおいても、ＲＰＡの採用が検討されている。ソフトバンクの一連の戦略にみえるのは、ＲＰＡの未来である。

生き残るのは変化できる者

ソフトバンクでは２０１５年４月から代表取締役社長 兼 ＣＥＯの宮内謙が、「業務工数とコストを2分の１（Half）」＆「生産性と創造性を2倍（Twice）」を意味する「Half & Twice（ハーフ&トゥワイス）」を目標に掲げている。この考え方は社内各部署に浸透しており、それぞれがその実現方法について日常的に調査・検討を重ねている。

一方、ダーウィンの「種の起源」の一節である、

最も強い者が生き残るのではない。
最も賢い者が生き残るのでもない。
唯一生き残るのは変化できる者である。

は、〝適応〟の重要性についてあらためて思い起こさせるものであるが、我々はこの一節を意識しながら、日々仕事に取り組んでいた。

そのようななか、ＲＰＡテクノロジーズのＷｅｂサイトで「BizRobo!」――当時の同社の社名はビズロボジャパンだった――を知る。私がＲＰＡに接した最初の瞬間だった。

BizRobo!は、ＷｅｂやExcel上で人が行う操作を覚え、コンテンツ収集や加工・登録作業などの各種処理を自動化するソフトウェアロボットである。その概念は非常に興味深く、私は第一印象から、ＲＰＡとソフトバンクの考え方とは非常に親和性が高いと感じた。

その後、ＲＰＡテクノロジーズの大角社長ともディスカッションさせていただく機会があり、ＲＰＡの特徴をより深く知ることができた。まさに当社が掲げる「Half & Twice」を実現するものであると確信した。その確信を得てから今日まで、ＲＰＡテクノロジーズの協力のもと、共同研究ならびに検証を行っている。

ユーザー部門主導の効率化を実現するＲＰＡ

私がＲＰＡでもっとも注目したのは、「ユーザー部門自らが業務を効率化するためのアクション」を簡単に起こせる機能を持っていることであった。

当社の業務には、内的要因・外的要因を含めて常にさまざまな変化がある。しかしその変化に気づけたとしても、都度、システムまで含めて即座に対応させることは難しかった。

ユーザー部門に「効率化に関する具体的なアイディア」があっても、その部署だけで実現することはできない。当該アイディア実現に向けて情報システム部門に協力を依頼することになる。実際にシステムを構築するとなるとコストもかかるため、当然ながら綿密な検討が欠かせない。その検討にはある程度の時間を要し、その間に現状がどんどん変化して、当初のアイディアが意味をなさなくなってしまうことさえもある。

アイディアとシステムとのこのような乖離に対して、ＲＰＡ適用は非常に効果的である。ユーザー部門が面倒なコーディング（プログラミングの記述）をすることなしに、自分たちがめざす業務環境を実現するために必要な補助機能を具備しており、システムとしての配慮が行き届いているからである。業務の追加・変更や、それに伴って出現する「気づき」に対して、ユーザー部門が作成したロボットに、その都度、自らによって修正を加えることができる。

これこそ我々が進化の基盤として常に意識してきた「変化への適応」そのものであり、私にはとても「響いた」。ＲＰＡ活用を検討するきっかけはここにあった。

RPAに対する2つの取り組み

ＲＰＡ活用を進めるなかで、会社全体として向かうべき方向性は、「単純労働はＡＩやロボットにまかせ、社員はクリエイティブな業務に注力する」であった。そのためには、まず自分たち周辺の単純作業や定型的な作業を洗い出す必要がある。

その洗い出しについては、「自社内活用」と「ソフトバンクがお客様に提供しているソリューションへの応用」の2つの視点から捉えた。前者は「『Half & Twice』を強力に推進するプラットフォームとしての活用」、後者は「コグニティブ（認知）やロボット領域における連携」に絞り込んだ。

「Half & Twice」を強力に推進するプラットフォーム

我々が目標に掲げた「Half & Twice」達成に向けては、さまざまなアイディアがトライされている。失敗もあるだろうが、まずはトライしてみなければ、成果を出すことはできない。

ただし、先ほど述べたようにそれを情報システム部門に毎回依頼すると時間もかかるし、同部門も、重要かつ差し迫った案件がたくさんあり、ユーザー部門のアイディアを都度、優先させるのは全く現実的ではない。

そこでその解決策として提案されたのが「ユーザー部門自らが作業の自動化を実現できるしくみ」づくりであり、具体的には、「Half & Twice」を推進するためのプラットフォームの構築であった。

「自らのアイディアを自らで実現できる」ことにより現場の満足度が高まることが期待されるとともに、情報システム部門にとっても（提供したプラットフォームを使ってユーザー部門が自身の力でアイディアを実現できるため）、よりコアな案件に専念できるメリットが生まれる。

これらの効果を期待し、ＲＰＡ型プラットフォームの導入を行った。

環境変化に対するＲＰＡの柔軟性の高さ――。当該プラットフォームには多くの関心が集まった。リーズナブルなコストで一部の部署でも導入が可能なため、思い立ったら気軽にアイディアをトライすることができる。業務改革の敷居を下げられるという意味でも、エンタープライズ領域とＲＰＡは非常に親和性が高かった。

「お客様に提供しているソリューション」への応用検討

外部リソースやお客様の社内システムと連携した「在庫状況の確認」

ソフトバンクがお客様に提供しているソリューションの１つに「Pepperを活用したソリューション」がある。次に我々が検討したのは、「Pepperを活用したソリューション」

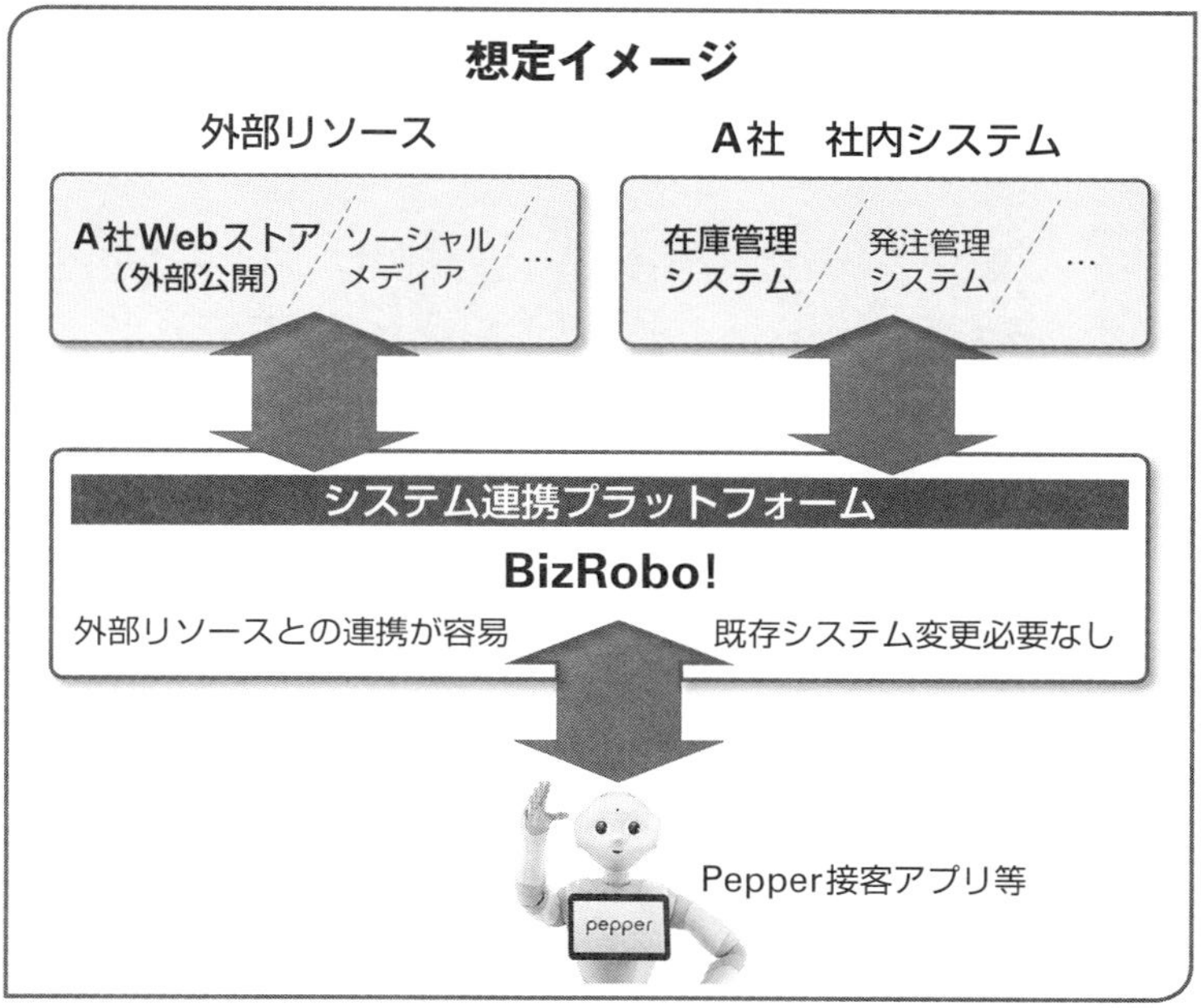

にRPAの考え方を融合させ、Pepperの接客対応能力を向上させることだった。

現状においてもPepperには接客アプリが搭載されており、ある程度の応対はできる。しかし、お客様からの在庫確認などのご要望に対して、社内の在庫システムと連携して回答を行うまでには至っていない。このようなニーズに応えるアプローチとして、RPA要素の組み入れを考えた。

RPAソリューションの1つであるBizRobo!は、お客様社内システム（在庫管理システム・

発注管理システムなど）や外部リソース（自社Ｗｅｂストア・他社価格情報・ソーシャルメディアなど）との連携が容易であり、かつ、既存システムの改修も必要としない特長がある。

前述の「お客様がPepperに商品在庫照会を行う」ケースで、BizRobo!とPepperを連携させた場合を考えてみよう。

まず、お客様の問い合わせ（在庫照会）が、Pepperを介してBizRobo!に届く。するとBizRobo!は、お客様社内の在庫管理システムや、公開Ｗｅｂストアにアクセスして在庫情報を収集・整理する。その後、所定のフォーマットに情報を加工してPepperに伝えた後に、最終的にPepperがお客様の問い合わせに答える、といった流れとなる。

会議室やイベントスペースの「予約状況／空き状況確認」

また、他の活用シーンとして、会議室やイベントスペースの「予約状況／空き状況確認」をPepperに行わせることも想定している。ちなみに、会議室予約情報のなかにはセンシティブな情報が含まれることも多いため、Pepperが当該情報に直接アクセスできてしまうことは、情報セキュリティ上、避けたいところである。そこで解決選択肢の１つとして考えたのがＲＰＡソリューション（BizRobo!）とPepperとの連携である。

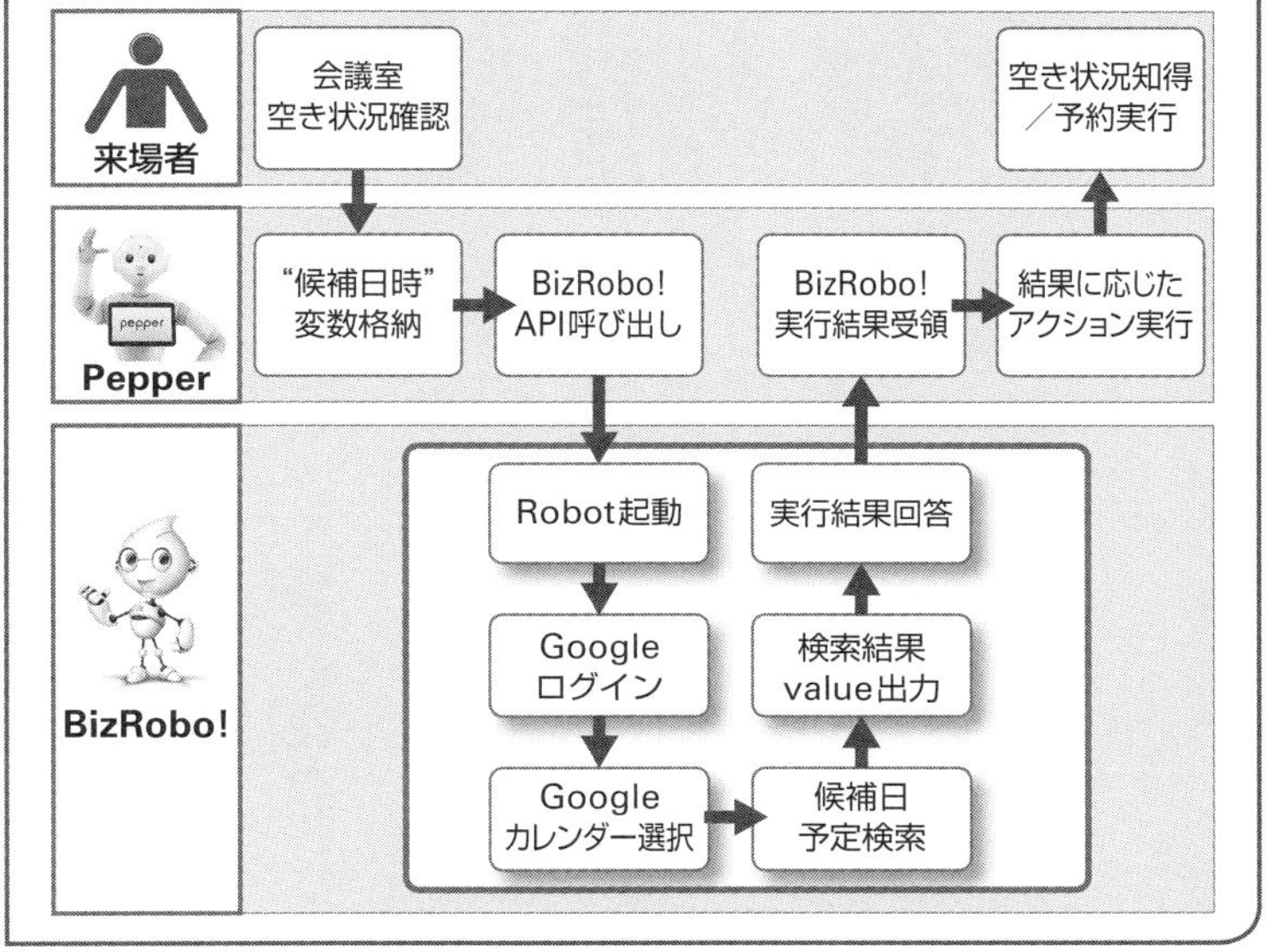

予約状況／空き状況確認—会議室／イベントスペース予約

来場者がPepperの胸タブレットを使って会議室の空き状況を確認すると、PepperはBizRobo!を起動する。するとBizRobo!はカレンダーから候補日の予定を検索し、実行結果回答をPepperが来場者に伝える。その結果に応じて「予約申し込み」など、次のアクションに誘導する。

この場合、Pepperが実行するのはBizRobo!への指示だけであり、社内データに直接アクセスさせることはない。指示を受けたBizRobo!が（定義された限定動作により）社内の情報を検索し、当該目的に必要な情報だけをPepperに返すことになる。このようなしくみを採用することで、より適切な情報の取り扱いが可能となる。

IBM Watsonの「認知」との親和性が非常に高いRPA

私は現在、Watsonビジネス推進部でIBM Watson日本語版のビジネス展開に携わっている。

IBM Watsonはコンピュータでありながら、人と同じように自然言語を把握・学習し、人間の意思決定を支援するシステムである。

私は当初から、「RPAアプローチにおける『認知』部分に、IBM Watsonを適用した際の可能性の大きさ」を感じていた。

前述のPepperを使ったRPAの検証は、あくまでもPepperをデバイスとした場合、RPAがどのように活用できるのか、その能力をしっかりと把握するために行ったものである。その結果、私は、RPAのポテンシャルの高さを実感した。柔軟性が高く、非常に応用が利くかなり懐の深いソリューションであることも理解できた。

一方、IBM Watsonが得意としているのは「自然言語処理」である。自然言語処理とは、人間が日常的に使っている自然言語をコンピュータに処理させる一連の技術で、ＡＩ（人工知能）と言語学の一分野でもある。

IBM Watsonは、この自然言語処理ならびに機械学習を利用し、人が行う情報処理タスクをサポートする用例などで活用されている。

自然言語処理の一例として「文脈などからの推察」がある。たとえば「ソフトバンク」に関連するツイッターの「つぶやき」のなかでの「ソフトバンク」の意味には、通信事業者である「ソフトバンク」と、プロ野球球団名である「ソフトバンク」の2つが混在している。IBM Watson日本語版は、自然文である「つぶやき」の文脈からこの違いを推察し、分類することができる。

このIBM Watsonの「認知」能力と、さまざまな指示を受けて作業を実行するＲＰＡが連携した場合、その対応範囲は広く、親和性も非常に高い。

ＡＩをポケットに

現在IBM Watson日本語版は、ソフトバンク内でさまざまに使われ始めている。たとえば「情報検索」である。当社の取り扱い商品やプランは２５００以上ある。しかし、問い合わせ先がばらばらであるため、法人営業担当は各商品の情報を探索するのに非常に苦労していた。

そこでIBM Watson日本語版を使って、社内のさまざまな情報や文書、ナレッジなどを瞬時に検索してくれるQAシステム「ソフトバンクブレーン（SoftBank BRAIN）」をつくった。このシステムは、社内の情報や文書だけでなく、膨大な質問データも学習しており、自然文で質問すれば、回答の候補を即座に提示してくれる。

ソフトバンクブレーンを制作するに当たっては、社員から1万件以上のリアルな質問を集め、それぞれの文章を解析し分類した。分類されたカテゴリーは、さまざまな社内システムや膨大なコンテンツ、テキストなどと適合することで、最適な回答を導き出す。

また、ソフトバンクブレーンには全社の営業やSEのノウハウが集積されている。そのため、経験の浅い営業担当でも、これを活用することでお客様への提案力を向上させることができる。その意味ではソフトバンクブレーンは、ソフトバンク社員の力で成長していくAIだといえるだろう。

ソフトバンクブレーンを「認知」「判断」「実行」という3つのプロセスで捉えると、「認知」についてはIBM Watsonが強く、ノウハウの集積により、「判断」の最適化を裏づけるデータベースも整備が進んでいる。

一方で、社内からはソフトバンクブレーンに多くの機能追加の要望がきている。これに対しては「実行」が課題となる。この「前プロセスで『判断』された内容をもとに、素早く柔軟に、的確な処理を実行する」領域に対して、多くの期待が寄せられているが、期待実現に向けては、まさにRPA的なアプローチが効果的である。

また、IBM Watsonが学習するトレーニングデータを準備するには、さまざまな情報を収集し加工して生成するというプロセスが必要であるが、このような作業にもRPAはその能力を発揮する。当該プロセスには定型的な処理が含まれるが、当然ながら、このような作業はロボットに行わせることがもっとも正確で効率的だからである。

「当たり前のように必要となるもの」

今後さらに進化していくであろうRPAの応用活用領域には、ますます期待を寄せている。すでに柔軟に実行できる環境があることから、まずは現状で確実な効果を創出しつつ、あわせて今後のさらなる応用展開を見据えたい。

また、RPAの今後について考えると、まずは世の中に概念が浸透することが必要となるが、現在では世界中に普及したスマートフォンやクラウドも、当初その概念が普及するまでにそれなりの時間が必要であった。個人的には、ＲＰＡの爆発的な普及も時間の問題と考えている。

ＲＰＡや認知技術は、それぞれが組み合わさることで互いが互いを加速させる性質を持つ。近い将来、世の中に出てくる課題のうち、ある一定の領域はＲＰＡの活用を前提として解決する流れが自然になるだろう。今後、ＲＰＡは「当たり前のように必要となるもの」になる。そしてそれは、これまで体験したことのない世界かもしれない。

case 4

RPAは金融業界に向いている

●株式会社三菱東京UFJ銀行
デジタルイノベーション推進部
上席調査役
西《にし》田《た》良《よし》映《あき》氏

三菱東京UFJ銀行は、日本国内でもっとも早くRPAを行内業務の効率化に取り入れた企業である。その背景には、「デジタルイノベーション推進部」の存在がある。同部は、情報システムの検討における「上流」に位置づけられ、先進的な技術を研究・検証し、それを業務改革に取り入れていくための先端機関として機能している。実際、RPAも2013年初頭から着目されていた。同行のITへの感度と先見性は敬服に値する。

ユーザーサービス向上のためのシステム連携ツールがきっかけ

デジタルイノベーション推進部とは、イノベーション（生産を拡大するため新たな生産要素を導入すること）における「インキュベーション」（イノベーション・マネジメントで「創意」「思いつき」の次の段階にくるもの。アイディア育成）フェーズをミッションとしている部署で、システム部とは別に存在する。

具体的には、世界中から新しいテクノロジーや事例を探し出すリサーチ部分と、行内の業務や顧客サービスに適用していくプロジェクトの立ち上げ部分を担っており、昨今でいうと、フィンテック（ファイナンスとテクノロジーを合わせた造語）やブロックチェーン（分散型台帳技術または分散型ネットワーク）、ＡＩ（人工知能）なども担当している。

ＲＰＡへの取り組みは、１つの「気づき」がきっかけで始まった。

銀行は、顧客に対しさまざまなサービスを多種多様なシステムを介して提供しているが、２０１３年当時そのサービスをうまく連携させ、ワンストップで提供できるようにすることでユーザーへのサービス向上を検討。その際に、着目した技術がいまとなってはＲＰＡと呼ばれるビズロボジャパン（現ＲＰＡテクノロジーズ）の「BizRobo!」だった。BizRobo!を利用することで、従来の方法では既存システムの改修が必要なシステム連携も、人の操作と同様に画面上で入出力を自動化することで容易に実現できることを期待し、検証やプロトタイプの作成も行った。

たとえば、海外事例で、既存のインターネットバンキングに加え、新規にモバイルサイトをつくり、ＲＰＡで新旧サイトをつないでモバイル対応したものが実際に稼働していると聞き、それをヒントにＲＰＡを使って既存サービスのユーザーインターフェースをリニューアルしたプロトタイプを作成する等、さまざまなロボットの活用を研究。そして、最終的にフォーカスしたのが業務を自動化するソリューションという活用だった。

銀行に限らず、人がＡシステムになにかを打ち込んで、その結果を「エクセル」でダウンロードしてから加工し、次にＢシステムにアップロードするといった単純作業を組み合わせた業務はけっこう存在する。BizRobo!ならばこのような操作をつなぎ合わせ、業務全体のフローを自動化するツールとしても活用できると気づいたのだった。

ＲＰＡ「インキュベーション」の道のり

２０１４年頃、当時のビズロボジャパンが提供するBizRobo!を使った「ロボットアウトソーシング」という概念が根づいてきていた。その頃になると、当行のなかでも前述の気づきに加え、生産性向上への課題が声高に叫ばれていたこともあって、業務全体のフローを自動化するプロジェクトが立ち上がりつつあった。その際に、ＲＰＡテクノロジーズが提唱するソフトウェアロボット活用のビジョン「デジタルレイバー（仮想知的労働者）」

と方向性が合致し、当社との協働を進めることとなり、自動化プロジェクトがスタートした。

BizRobo!活用の領域を業務自動化に定め、改めてＰｏＣ（Proof of Concept：新しい概念や理論、原理などが実現可能であることを示すための簡易な試行）から着手した。

ＰｏＣにおいて、BizRobo!の技術的な有用性を再度確認した後、いよいよ業務での活用を証明するためのパイロットプロジェクトをスタートさせた。

銀行の事務センターで実際に人が行っている点検やデータ集計のプロセスなどが、ＲＰＡで実際に自動化できるかどうかの実証である。

パイロットプロジェクトでは、実際に一部の業務をBizRobo!にやらせてみて、「本当にできるのかどうか」「効果が出るのかどうか」などの確認を半年ほど繰り返した。

そこでわかったのは、「人は思った以上に細かいことをやっていて、マニュアルに書いていることに加え、さらに気を利かせてやっている部分もある」ということだった。そのクオリティを保てないと業務の品質も保てない。そのため、ルールを定義するにあたっては、オペレーターに実際の業務手順を細かくインタビューするなど、かなり時間をかけてしっかりとやっていった。

パイロットプロジェクトによって、業務が代行され、業務全体として大幅な効率化が可能なことを実証した。また、あわせて銀行本部・事務センターのRPA適用候補業務を洗い出し、銀行全体としてのロボット活用のポテンシャルを確認することができた。

その結果、銀行全体への本格的なRPA適用をめざし、現在本格展開フェーズとして全行的なBizRobo!の活用を可能にするロボット基盤を構築。開発体制もシステム部を巻き込んだものにしていき、蓄積した知見なども具体化して同部に体制を移している最中である。

RPA導入時に必要不可欠なのは業務における判断基準

結論としては、RPAをインストールして基盤をつくることはそれほど難しいことではない。BizRobo!もプログラミングなしでさらっとつくれてしまうので、通常のシステム開発と比べると技術的ハードルは高くはない。ただし、ロボット作成に至るまでに業務を正確に把握して、マニュアルには載っていない実際の業務フローを可視化する作業が、一般的なシステム開発よりも詳細で労力がかかる。だが、この作業は導入後のRPAの効果にも大きく影響してくるためもっとも重要となる。

当行ではパイロットプロジェクト以降、試験運用の延長として行内の20業務ほどを自動化してきた。現在、その過程での知見を蓄積し、それを当部のなかで形にしていっている。

ＲＰＡには期待が持てる。しかし、導入時には注意すべき点もある。それは判断基準の明確化である。ＲＰＡは人のオペレーションを代替するものなので、一般的なＢＰＭ（Business Process Management：業務・システム改善手法）などのプロセスの定義よりもっと細かい操作レベルまでをブレークダウンしなければならない。さらに、ＲＰＡはＡＩなしでは考えることはできないため、業務を代替させるにあたって、すべての操作に次に進む判断基準、具体的には分岐条件等を設定しなければならない。

銀行の業務オペレーションには必ずマニュアルがあり、これをベースに業務が成り立っている。しかし、実際のオペレーションを現場でみてみると熟練者が自分なりに工夫してやっている例も少なくない。

それをロボットに代行させる場合、熟練者のオペレーションを正確に把握したうえで判断基準化し、かつロボットの特性やバッチ等のシステム的な処理方法なども取り入れながら、ロボット用の新しい業務フローをつくっていく。それを考えることがＲＰＡ導入時の肝となるところ。業務を熟知していればできるというわけでもなく、ＲＰＡの知識も必要である。また客観的に業務をみたうえでロボット適用の最適解を導き出せるようになることが、今後のさらなるＲＰＡの展開の際に必要とされるスキルではないだろうか。

RPAの展開に向けた取り組み

RPAの導入は基本的には非常に好評である。ただ、デメリットとして、従来のシステム開発とは異なりエラーが出る。共有フォルダに保管されたファイルをトリガーとしてロボットを動かそうとしたときに、そのフォルダを誰かが勝手に変更すれば、ロボットが動けなくなりエラーとなる。RPAのシステムは、人が操作する現実の世界に共存して稼働するため、予期せぬ人の操作やシステムの変更により、稼働の影響を受けやすいのだ。

つまり、従来のシステム開発したようなシステムの「保証範囲」とは、全く考え方が違うということである。

そのため、日常的にリトライが発生する。しかしそれに「慣れる」ことが必要で、ユーザーもRPAは完全稼働を保証するものではないと理解し、日常的な操作によりロボットが影響を受けることも念頭に入れておく必要がある。

よってむしろ、RPAがそうした特性のあることを最初に伝えるべきで、RPAは従来のシステム開発と同じようなほぼ完璧に近いシステムではなく、人と同レベルで効率化するしくみであることを、案件着手前にSLA（Service Level Agreement：サービス品質保証）で理解してもらうことが重要だろう。

RPA開発には、システム開発でいうウォーターフォール型やアジャイル型のような開発手法はまだ確立されていない。従来の開発手法に当てはめて考えるとRPAの持つ利点を生かしきれないリスクもある。そういった特性を踏まえつつ、RPAが実現できる「早く」「安く」「効果が出せる」という特性を壊さないように開発しなければならない。よって、RPA開発には、その利点を生かすことのできるその特性に沿った独自の開発方法が必要である。

現在、RPAに適した開発方法が取れる専任部隊、いわゆるCOE（Center of Excellence：方法論開発などのための組織横断型研究拠点）をつくり、そこに行内すべての開発ノウハウを集中移管しようと計画中である。いままさに開発方法を含めた開発標準を、プロジェクトを走らせながらシステム部と一緒に体系化している。

開発方法には今後のロボット増加に備え、ロボットが氾濫しないような開発申請や管理の方法、ロボット同士が干渉したりしないようロボット内部の実装ロジックの標準化、エラー等障害時にその原因となる箇所を特定しやすいようなつくりのルールも含んでいる。

金融業界はRPA化に向いている

向くか向かないかでいえば、金融業界はRPA化に向いている。客観的に分析すると、金融は基本的にはルールに沿って業務を実行しなければならない、勝手な自己判断は認められていない業務が比較的多い業界である。また情報を集めることが仕事の一部になっている業種でもあり、定点観測やモニタリングが他業種に比べて多い。それはロボットが向いている世界でもある。

たとえば、勘定系システムにおいても実施しなければならない定点観測がある。データを取って別表に書き込み、それを集計し、帳票にして、出力するといったプロセスを勘定系システム上に組もうとすると多大なリソースが必要だ。そうなると定点観測のためだけにシステム開発する投資対効果が描けないため、人ががんばるしかない。

さらに、定点観測は毎時したいが、それではあまりに負荷が高いので、人ができる範囲で毎日1回だけ観測するなど、妥協している部分もある。そういう業務こそRPAにやらせれば、毎時でも毎分でも、それこそ毎秒でも観測できるようになる。ロボットが自動計算して必要な情報を得ることもできるし、その分の労力をその人にしかできない知的労働にシフトすることで、モチベーションの向上も期待でき業務自体のレベルアップにもなるだろう。

お金を動かすタイミングを計って操作することや、市場全体の情勢から判断しながら遂行する業務は、将来的にAIがカバーすることもありえると思うが、現時点では人が担うべきところだ。事務や日常的な業務はルールがあり、繰り返しであることからロボットとの相性はよい。つまり、ＲＰＡ化を進めるうえで、銀行には業務がルール化されているというアドバンテージがある。

ＲＰＡの効果と期待は非常に大きいと思う。銀行自体は逆風のなかにあるが、同時に生産性向上という課題も大きく、投資をしてもシステム統合が難しいケースもあるので、ＲＰＡに対する期待は業務効率化だけでなくシステム統合においても相応にある。

さらに、これまでプロジェクトで実証してきた20業務のなかには、１業務当たりで数千時間もの効率化を実現したものも出てきた。もっとも少ないもので約数百時間、多いものでは数千時間におよぶ。たとえば、１業務当たり平均３０００時間として、20業務なら年間６万時間の効率化である。

銀行員の年間６万時間分の労働力が別の業務に回せるとなると、相当な効果を見込むことができる。これを受けて、行内でのＲＰＡに対する期待が高まった。２０１６年時点において、当行全体で２００以上の業務がＲＰＡ化を希望している。

今後はロボットにまかせられる部分は積極的にＲＰＡ化していく方針だ。もちろん、どうしても人が判断しなければならない業務や、必ず人の目を通してしなければならない業務もあるが、それ以外のルーティンな業務はほぼすべてＲＰＡ化できるのではないかと考えている。

ＲＰＡを使い始めた部署では、その後どんどんＲＰＡ化のアイディアが湧き始めているようだ。ちょっとした業務の効率化ポイントを見つけては、「これはＲＰＡでできるのでは？」といった問い合わせが頻繁にくるようになった。ＲＰＡの導入によって、人の事務プロセスを考えるうえでの発想が明らかに変わってきている。

ＲＰＡは、当初、定型の細かい作業が対象となってきたが、いまはもう少し広い、昔でいうところのＢＰＲ（Business Process Re-engineering：業務改革）のように、業務を根本的に再構築する際にＲＰＡを活用すればもっと早く効果的にできるのではないかという発想にも至っている。同時にＲＰＡの適用のみならず、ＲＰＡがあることを前提にある特定部分（たとえば「エクセル」とか「アクセス」でやっている部分）のデータベース化・Ｗｅｂ化も含めてトータルソリューションで考えていこうという案件も出てきている。そのため当行では今後、細かい案件や大きい案件の双方に広くＲＰＡの活用を考えている。

ＲＰＡの活用には、社内の意識改革も必要

一方、ＲＰＡは、業務の自動化やルーティンワークで活用することも重要だが、もう１

つの使い方として、人間の思考をサポートするために活用するという考え方もある。業務でなにか調査しなければならない場合、人間は、それぞれのデータの関係性があるのかないのかを判断しながら調査する。

これにＲＰＡを使った場合、まずロボットを使って基本情報を収集したうえで、関連性を、人もしくはＡＩが判断し、再びロボットを走らせて必要な情報を取りに行かせるといった具合になる。今後は、ここにＡＩの一種である自然言語解析のような技術を組み合わせることで、文章のなかから関連性を引き当てるような使い方がされていくのではないかと考えている。

ＡＩといってもさまざまなジャンルがあるが、自然言語解析やデータ検知などの機能を持ったＡＩと連動することで、ＲＰＡはさらに高度になり人間をサポートしていくケースが生まれるだろう。

ＡＩやロボットの普及によって多くの人の職が失われるという報道も多いが、実際には失われるものと得られるものがある。人を減らすことが最大のコスト削減と考えるプロジェクトもあるだろう。しかし、ＲＰＡの導入は、それによって職が失われるというよりは、これまで外部に委託していた業務をもう一度社内に戻し、外部への出費を減らせる手段と考えればよい。さらにＲＰＡ化により効率化することで業務を集中化できるためノウハウも集約可能である。

現在RPAを導入している事務センターでロボットを使うようになってから、もともとその業務を担当していた人のポジションが変わり、RPAをうまく使って管理する業務に就いている。

また、その人はRPAの優れた使い手でもあるので、その人のところにロボット向きの業務を寄せやすくなっているのも事実で、ノウハウの集約で「ロボット使い」という新たなジョブが誕生した例である。

ロボットにやらせるところはやらせて、考えなければならないクリエイティブな部分を人間が担っていく――。「ロボット使い」がまさにそうである。RPAは、強制的なトレーニングによるものではなく社員に自発的な意識改革を促し、それが企業の業務改革につながっていくのかもしれない。

case 5

日本のRPAユーザーの草分けとなった大手金融機関

RPAテクノロジーズでは、10年ほど前から、社員の業務をマクロ化し、それをRPAに代行させることで、日本での課題となっている人手不足の解決をはかるという啓蒙活動を行ってきた。当初、RPAは認知度が低く、またそのしくみについても理解を得られることが困難だった。それが転換期を迎えたのが2011年だ。それは2つの大手金融機関がRPAの導入を決めたときから始まった。そこからRPAはブレイクし、注目度が高まったのである。

きっかけとなった金融機関のうち、1社は会社の方針で名前は出せない。しかし、RPA活用の1つのモデルとして導入の経緯とその成果はぜひ参考にしてほしいと思っている。匿名の不便さを了承のうえで、一読していただければ幸いである。

大手金融機関　X社の場合

衝撃的だったRPAとの出合い

私がRPAを導入したきっかけは2つの視点からだった。1つは「企画の立場での視点」、もう1つは「事務現場の視点」である。当時、私は親会社であるX社から傘下の情報システム子会社であるT社に出向していた。その会社はX社のシステムだけではなく、一般市場にシステムを販売する機能も持っていたため、独自のビジネスモデルとして新しい企画や新規事業を生み出すしくみを提案する立場にあった。そのときに出会ったのが大角氏だ。その出会いは唐突かつ劇的だった。

2009年末、大角氏はアポイントなしで突然、来社した。まだ当時は、アクセンチュアを飛び出した若者たちがつくった名も知らぬベンチャー企業である。熱意は感じたが、はたして信用できるものなのか、少し不安だった。しかも最初に提案してきたのは、RPAではなく、事務フローの自動構築だった。

その提案の第一印象は、業務の整理には使えそうだが新規事業には使えそうにないな、というものだった。今回は帰ってもらおうかと考えていたとき、大角氏が「待ってください。実は、もう1つお見せしたいものがあるんです」という。しかたなく聞いたのが、BizRobo!というソフトウェアロボット、RPAだった。

そのデモを見たとき、私は衝撃を受けた。こっちが断然面白いではないか！ RPAは大角氏が行った作業をそのままフローとして自動的にプロセスマップ化（業務フロー図化）し、スタートを押すとそのとおり正確に動くではないか。これはかなりのインパクトだった。当時まだ「RPA」という名称も概念も普及してはいなかったが、当社がめざす新しい画期的なソリューションの創出につながるのではないかと直感し、期待が湧き起こった。

その頃からX社では全社で事務作業のペーパーレス化を進めていた。目標としては、営業担当者が客先の面前で端末を操作し、契約の成立までペーパーレスで実現することを理想としていた。紙のやりとりはなしで、不備もその場でチェックし解決する。これらすべてをホストコンピュータへ連動する形で自動化できることが目標だ。

しかし、そうしたメイン業務はペーパーレス化ができても、費用対効果で投資ができないメイン以外の事務作業やサービスには依然として紙は残ってしまう。これらに対してRPAを使えば、システム化しなくても全自動の事務体系が構築できると考えたのである。

また、RPAの特徴として、事務手作業や細々したルーティンワークを柔軟に機械化してくれる可能性があったので、その面でも使えそうだった。

ＲＰＡは、新規事業開発の担当者として挑戦する価値がある。大角氏のBizRobo!は、事務の複雑化、事業リスク増大の環境を改革する切り札として、事務現場の救世主となりえるのではないかと期待したのである。

「ＯＣＲ＋ＲＰＡ」という発想

Ｘ社では、グループ内のものは自分たちでつくる文化があり、外注に頼ることは少なかった。ただ、私がいたＴ社には社内に新規提案制度があった。そこでＲＰＡを使った社内の事務作業の効率化を提案したところ、うまく社長の目にとまり、「ＲＰＡか。これは面白そうだ。ぜひ導入を進めよう！」とＧＯサインをもらうことができた。

私は社内だけでなく、顧客企業の事務作業効率化を事業化することも提案した。ＲＰＡによるＢＰＯ（Business Process Outsourcing：自社の業務プロセスを外部委託すること）だ。当時、出向先のＴ社では、ＢＰＯの事業も大きく発展させようとしていた。ＢＰＯ企業の多くは、たくさんのスタッフを使う労働集約作業を受託しており、コストを削減するために中国やインドなどのオフショアに業務を委託することが多かった。

ならば我々はＩＴ企業として、ＯＣＲ（光学文字認識）を使って紙に書かれた情報を読み込み、ＲＰＡを使って全自動で仕分け作業を効率化させる独自のＢＰＯソリューションを提供できるではないかと考えた。つまり「ＯＣＲ＋ＲＰＡ」による事務の自動化だ。

ＢＰＯの現場では、それまで書類の記入漏れやミスがないかは人が点検し、そのうえで端末からシステムに入力していた。我々の考えたソリューションでは、紙の書類をスキャニングすると同時にＯＣＲで画像を文字コード化し、書類全体をデジタル化する。これができればあとはロボットが自動で点検し入力までしてくれる。

近年、ＯＣＲ技術がかなり進展してきているという情報を受けての発想だった。そこでこの企画を経営層に提案したところ、「ＩＴ会社のＢＰＯとして独自のビジネスモデルを確立できる可能性がある。やるべし！」ということになった。

ＲＰＡ導入までの苦難の道のり

しかし、ＲＰＡ導入までの道のりは決して平坦ではなかった。Ｘ社グループの調達審査はかなり厳しい。クリアしなければならない社内調整の壁が数多くあった。

まずは、ＲＰＡテクノロジーズ（当時はオープンアソシエイツ）のＴ社内での認知度が低く、会社としての信頼性をどのように確立させるかが課題だった。信頼のある会社との取引が中心のX社および子会社のT社にとって、今回の相手は、先にも述べたように名前も知らぬベンチャー企業である。

また、事務の全自動化という大規模変革に使うRPA製品の信頼性の問題もあった。「高速処理のロボットが暴走して、制御不能になったら大トラブルにつながらないだろうか？」とか、RPAを使えば人がいらなくなるというイメージがあったので、「RPAに頼り切って、万が一ロボットが止まったら事務が止まるリスクをどう回避できるのか？」という懸念の声も出た。

いちばん困ったのは、RPA導入検討当時に類似のソリューションがなく、他と比較検討できないことだった。システム評価のプロであるシステム企画担当に評価を依頼しても「世間にないものをどう評価するんだ?!」と、逆に尋ねられる始末だった。

全く調達要件を満たしておらず、稟議も厳しい状況だったが、私はRPA導入を諦める気にはなれなかった。そこで、RPAの提供元である大角氏たちと何度も打ち合わせをし、現場レベルで議論を重ねていたところ、まずはRPA導入を前提にT社とRPAテクノロジーズが契約し、プロジェクトを発足しようということになった。その後、元X社の役員だったT社社長の根回しのおかげで、なんとかX社の承認を得ることができた。これがなかったらRPA導入は実現できていなかったかもしれない。これらの調査と検討を行ったうえで、契約については、会社としての信頼性が高く、BizRobo!の販権を持つ某有名メーカー企業のシステム子会社を通すという苦肉の策が採られた。導入検討開始から契約に至るまでに約1年もの時間を費やした。

想像を絶する事務現場の惨状を効率化するために

1年後、T社のBPOビジネスの最初の顧客は親会社であるX社となった。いきなり外の顧客へ提供するよりも、まずは身内からというT社内部の意見があってのことだが、規模の大きいX社を、ファーストユーザーとする判断は、費用対効果の面からも合理的だった。

ある特定の商品を扱う部門（以降、部門A）では、本社の主力商品が管理される情報システムとは異なるシステムで業務が動いていた。

契約管理システムはつくられていたが、それは商品を売る際の「新契約」システムであって、契約後の顧客管理で必要となる、解約、住所変更などの契約の管理業務に対するシステムは機能が不十分だった。先行き不透明の新商品なので、最初は小さく軽くつくってシステム投資を安く抑え、商品が売れたらしっかりとしたシステムをつくろうと考えていたようだ。

ところが、その商品が当初からけっこう売れたのである。そのため次々に新商品が企画され、「新契約」システムは増築を繰り返して、結局、商品ごとに複数の独立したシステム基盤が存在するようになった。しかも契約後の管理業務はシステム化が不十分なままで、バックオフィスは手作業による事務処理だらけだった。

たとえば、同じ解約処理といっても商品ごとにシステムが異なるため複数の画面が存在し、それぞれの画面の機能も少しずつ違うため処理内容も異なっていた。まさに担当者泣かせな状況だった。さらに商品ごとにできること・できないことが混在していたので、担当者は考えながら画面入力しなければならず、そのためミスも多くなっていた。

そこで入力のやり方を書いた指示書のようなものをまず職員がつくり、それにしたがってスタッフが入力するのだが、それをまた職員が再点検するなど、二重三重で大変な負荷がかかるといった具合だった。それは社内で「昭和のハンド（手作業）事務」と揶揄されるほどひどい状況で、毎年多くの人員を増やすことで膨れ上がる業務処理をしのいでいたのである。

私は、ここにＲＰＡが使えるのではないかと直感した。ＲＰＡならば、文字をデータ化しプログラムさえしてしまえば、後はシステムがいくつに分かれていようが勝手に入力してくれる。時間に制限なく一晩中でもその作業を継続してくれるし、なによりもミスが発生しない。さっそくX社の部門Aに対して、事務現場レベルの効率化を進めるためにRPAを活用することを提案した。

OCRの性能がボトルネックとなり1年で撤退

2011年4月、「OCR+RPA」による事務の自動化プロジェクトチームが発足。サービス提供開始の準備が進められた。同年7月にはT社の経営会議で承認、12月にはX社の承認も下りて、プロジェクトの詳細が検討され、地方に業務を受託する事務センターも設立された。

そしていよいよ2013年4月、OCR+RPAソリューションはX社の部門Aに導入され、稼働が開始された。ところが、当初想定した効果は得られなかった。

なぜか。

RPAはしっかり働いたのだが、OCRの精度に原因があったのである。紙に書かれた文字情報をOCRで読み込む際、その内容を正確にデジタル化できれば、データ入力作業においてキーパンチャーの人件費は大幅に削減できる。しかし結果は、チューニング（調整）して7割ほど自動化できることが目標だったのに対して、現実には5割程度にとどまった。

そのため、せっかくOCRでデジタル化しても人間が確認するフェーズを業務プロセスに入れなければならず、T社の事務センターに想定以上の人の配置が必要となり、投資対効果が思ったほど上がらなかったのである。私としては企画ベースではかなりいけると思っていたので、この結果は非常に残念だった。

アンタッチャブルな「昭和のハンド事務」に光を当てるRPA

最初の試みはOCRの精度が及ばず頓挫したが、BizRobo!自体はうまく動作していて問題はなかった。そのため、十分な効果が得られなかったOCR+RPAソリューション導入と並行して、現場の効率化に向けた事務作業レベルでRPA導入の提案を進めていた。

そんななか、私はT社への出向を解かれてX社に戻ることになった。配属先は、RPA導入を提案していた本社の部門A（後のBizRobo!を導入することになる部署）だった。RPAを提案する側から、逆にRPAを使う立場になった。

転任後、私がまず行ったのは、現場事務の現状から並行して事務現場レベルの効率化を進めるため、ＲＰＡ導入の対象となる業務の洗い出しだった。そのうえで、「住所変更」や「受付入力」のフェーズでＲＰＡが使えそうだと考えた。そして、２０１４年12月に契約管理業務、２０１５年12月に新契約業務で、ＲＰＡの活用が開始された。

個人情報保護、マイナンバー、高齢化社会への対応等、事務現場では、事務が加速度的に複雑化していく状況だ。比例して、事務ミスを起こすリスクは増大している。現場はこれらのリスクに対して常にプレッシャーをかけられ続けている。

しかし、少量多品種が「昭和のハンド事務」でガッチリ固められている領域は、費用対効果を理由にシステム化の恩恵にあずかれないアンタッチャブルな領域でもあった。そのため、現場では自分たちの身を守るためにも、いままでは2人でチェックしていたものを3人に増やすなど、厳重なチェック体制を敷いてミスを防ごうとしていた。当然コストも煩雑さも非常に重くなっていた。

そんな状況の現場にＲＰＡが光を当ててくれた。ＲＰＡの導入によっていちばん喜んだのは、システムサポートが薄く、単純な大量業務の処理、再査の多い「昭和のハンド事務」から解放された職員だった。これらをＲＰＡにまかせることが可能になり、増加し続ける新契約業務への対応のための残業や休日出勤からも解放されたのだから嬉しいに決まっている。

悩ましかった複数のシステム基盤による問題も解決

「住所変更」の作業もこれまでは、オペレーターが電話を受けた後、顧客の新しい住所を書類に書き、その書類を別の班に回し、別の班の人がそれを見ながら入力し、また別の人がそれを再査することの繰り返しだった。RPA導入後は、オペレーターが電話を受けながら顧客の新しい住所を画面に入力すれば、そのテキストデータを引き継いでロボットが必要な画面を呼び出して入力する。途中人を介さないためミスがなく、再査も必要ない。

また、「全件受付入力」は契約が複数ある場合、申請されたものすべてに対して受付内容を確認・受領の工程を管理するものだが、これまでは画面に契約を特定する番号を入力し、メニューを選んでチェックしてから再査していた。これを、最初から書類にバーコードを印刷しておき、それを機械で読み取ることで、自動的にデータを入力できるようにした。

部門Aの「申込書」の入力作業は、ピークになると処理件数が定常時の約3倍にもなる。また扱い件数が多いだけでなく、当日までに必ずすべての入力を終えなければならなかった。なおかつ、新商品が増え、今後はさらに処理件数が増えることもわかった。したがって、ピーク時に合わせた要員を用意する必要があった。

当初、これを外部委託しようと考えていた。しかし、外部で入力したデータを自社に移すにあたり、システムをつなぐとその開発費用がとんでもなくかかる。これまでなら、では外部委託はやめて人を増やそうということになるのだが、昨今の雇用環境における人手不足もあり、なかなか思うように人を雇えない時代だ。

そこで、外部委託したうえで、システムはそのままにデータの移行作業をＲＰＡを使ってロボットにさせてしまおうということになった。これで煩雑なうえミスの原因にもなりかねなかった商品ごとにシステムが異なる複数のシステム基盤の問題は解決したのである。

ＲＰＡの導入効果

ＲＰＡの大きなメリットは、ミスがなく、人の何倍ものスピードで継続して処理が実行できる圧倒的な生産性向上にある。

ＲＰＡの導入は、定量効果はもちろん、大きな定性効果ももたらした。単純作業とともに心理的な圧迫感から解放された社員の事務体力も増強している。つまり、質・量・タイムアグレッシブなど業務に対する集中力が向上したのである。これにより、会社が求める「全員がワンランク上の仕事にシフト」の実現に向けた基盤づくりができたと思う。

事務現場は想像以上に単純な作業に忙殺されている。2016年の6月、別の部門で、職員に他のRPA化したい業務を募ったら、269件もの業務が寄せられた。大量のハンド事務効率化を実現するRPAは、事務処理の人材不足を埋める新たな労働力でもある。それによって単純業務から解放された次のステージでは、労働環境の変化や地方活用・女性活躍など新時代に必要とされる人材戦略が求められる。

一方、RPAの活用に際しては、業務全体を把握して、細分化、再構築、部品化し、ロボットになにをやらせるのか？　人がなにをやるのか？　事務設計コンサルテーション能力の醸成も必要になってくる。それは大所高所のコンサルではなく、べったりと業務に入り込んで細部まで把握した改革だ。

したがって、そういった「事務設計能力」を持つ人材は社内で育てていく必要があるかもしれない。また資格制度などの創設によって、事務処理人材の地位向上やモチベーション向上をはかり、一定のスキルを求めていくことも重要であろう。

この領域は、産業政策の一環として、ぜひ国に旗を振ってほしいところだ。また、産業界でもRPAの普及とともに、ユーザー協議会などロボットの開発管理や維持管理のしくみづくりを支援し合う体制を構築していくことが重要になるだろう。

X社では、2016年6月現在、これらのRPAを使った事務の自動化を模範的な「取組事例」として、全社でのRPA導入検討へと発展している。我々の新たな業務改革戦略の1つの大きな選択肢として、RPAは重要な役割を担う可能性を秘めている。

Robotic
Process
Automation

第6章

進化し、活用の場を広げるRPA

ゲームのテストへの応用が期待される人工知能

本章ではＲＰＡの進化を担う人工知能について、ネットスマイルの代表取締役である齊藤福光氏の考えを紹介しよう。

齊藤氏は、最新の知見に基づき、最先端の人工知能の開発に取り組む人工知能研究者の1人であり、日本ＲＰＡ協会の理事でもある。

齊藤氏は東京大学工学部の学生時代に、人工知能およびニューラルネットワークの研究に携わってきた後、２０１３年にネットスマイルを設立した。

当社において最初に制作したのは、ＣＮＮ－ＤＱＮというタイプのゲームを自動的にプレイする人工知能である。この人工知能には画面のスコアを認識する〝目〟がついており、どうやったらスコアが上がるのかを判断し、自分でゲームを操作して、人間を超えるスコアをたたき出した。

これは、ゲームテスト業界で将来活用される可能性がある。ゲーム開発会社は、新しいゲームが開発されるとその動作テストのために大学生などのアルバイトを何千人も雇い、そのゲームを毎日プレイさせてデータを取る。その代わりを人工知能が担うのである。

RPAに認知技術を活用することで、さらなるコストダウンの可能性が高まる

ネットスマイルは現在、3つの柱で事業を進めている。1つ目は人工知能の認知技術を活用したRPAによるコストダウン。2つ目はインベストメント用の人工知能の開発。そして3つ目は〝ドラえもん〟のような「AIエージェント」の開発だ。AIエージェントとは人工知能を搭載し、人と同じように行動する知性を持つソフトウェアである。

1つ目のRPAに関わる人工知能の活用について齊藤氏は、「RPAは新しい概念だが、その流れは止まらないと考えている。RPAはバックオフィス業務と親和性が高く、大量処理、反復的な作業、予測可能な業務（パターン認識も含む）、ボリュームの季節変動がある業務やピークボリュームが読みにくい作業などに有効である。また、コストを大幅に削減できる可能性も持つ。人件費格差や標準化によるコスト削減はせいぜい15～30％が限界だが、RPAを活用すると40～75％が可能だといわれている。将来は、RPAに人工知能の認知技術を活用することで、さらなるコストダウンの可能性が高まる」という。

〝ドラえもん〟のようなAIエージェントはある意味でRPAの究極の形

2つ目の事業の柱であるインベストメント用の人工知能とは、投資運用会社向けの「投資ロボットＡＩ」や不動産会社向けの「マンション価格査定ＡＩ」を指す。齊藤氏は「現在開発している投資用の人工知能は、債券、株、為替などに人工知能が自動的にどこに投資するかを決める」としている。これもゲームと基本的には同じなので応用できるのだという。

3つ目の「ドラえもんのようなＡＩエージェントを創る」は、彼がネットスマイルを創業して以来、一貫したビジョンの1つである。メンバー1人ひとりが自分の得意領域を伸ばすことで、世界最先端レベルの人工知能の実現をめざしている。

このドラえもんこそが実はＲＰＡの究極の形だと齊藤氏はいう。

「ドラえもんは、身近にいて人を励まし、困ったときは助けながら、人を成長させるために汗をかいてくれるようなキャラクターである。人工知能も同様であるべきで、脅威論よりは人にとってどれだけ役に立つか、一緒にいて心地よさがあるかが重要である。究極は、そうしたドラえもんが今後各企業に1000体、1万体と働いている状況で、それはある意味、ＲＰＡの究極の形になる」

またドラえもんは、企業だけでなく個々のユーザーにも大きな影響を与えるという。

「一方、Ｂ２Ｃの対人間で考えると、ドラえもんのようなＡＩエージェントを保有するのは、頼れるパートナーもしくは秘書を持つことに等しい。その人を生涯にわたってバックアップするような存在である。安価あるいは無料でもいいので、１人にこのドラえもんを１体ずつ配布することで、ＡＩエージェントの普及によって職を失った人々は、新しい仕事のための勉強をドラえもんに手助けしてもらえるだろう。あるいは、結婚するパートナーを見つけてくれれば、少子高齢化も解消するかもしれない。諸問題を解決してくれる可能性がある」

齊藤氏は、それが同社の究極の目標であり、あと数年で達成したいとしている。

ＡＩエージェント開発のステップ

ドラえもんのようなＡＩエージェントの開発に向けて、齊藤氏は次のレベル１〜４の各ステップをクリアしていく計画である。

レベル1：いま実在している「チャットBOT」のようなもの

まずは、人工知能が文章を構造化して、文章の内容を5W1Hの形で理解できることが条件となる。この5W1Hを用いて対話をできる能力を持つことが必要となる。

レベル2：エンティティ（固有表現）とセンチメント（感情）

たとえば「タイタニック」という言葉があるとき、前後の文脈から、それが船の名前か、映画の題名かを識別することができる。また、映画と識別したなら、作品名から出演者や監督を紐付けることなどが可能になる。つまり、文脈で使われている言葉の意味をほぼ正確に理解しているレベルになる。

また、人は感情と欲求に支配されていて、各自それらに従いながら生きていると考えられている。ロボットも自らがパートナーの役に立ちたいという欲望と感情がなければ、命令なしにはパートナーを助けることはないだろう。したがって、「喜び」「信頼」「心配」「驚き」「悲しみ」「嫌悪」「怒り」など、人と同様の基本となる数十種類ほどの感情のバリエーションを人工知能に設定することが必要になるだろう。

レベル３：メモリ領域と対話の意図

人は、話をするときに過去の記憶や経験など覚えていることを活用しながら話題を組み立てるが、重要なものとそうでないものを無意識に分類している。人は夜眠るときに経験を脳内で再経験するが、これも重要なものだけを海馬から大脳皮質に定着させ長期記憶化させるためで、ロボットもメモリを重要・非重要に分けて記憶することが求められる。

また、対話をスムーズに行うためには、話者の意図を理解したうえで、その意図に応じた回答を行うための対話マネジメント機能が必要となる。

レベル４：子どもの脳

ＲＰＡで現在使われている技術は「これをやりなさい→はい、わかりました」というレベルの程度だが、人とロボットが同じフロアで仕事をするには、初めは何もできなくても、人がやる仕事の手順を見て覚えて、異なる仕事でも人と同じように再現できなければならない。それには教えたことだけできればよいのではなく、経験しながら知識を獲得していくことが重要になる。

レベル3まで進化したロボットは、このレベル4ではデータをリアルタイムにメモリに格納しながら覚えていく機能を備える必要がある。これによって、自分用のエンティティデータベース（固有表現データベース）や記憶のデータベースをリアルタイムに構築していくことができれば完全にドラえもんのようなAIエージェントになり得るだろう。「今度、こういう仕事をしてもらうから勉強して」と命じれば、勝手にマニュアルやデータベースなどを調べて学習していく。レベル4までいけば、ホワイトカラーの仕事の50％を担えるようになるだろう。

人工知能には便利な部分もあれば面倒な部分もある。その面倒な部分を解消できるかどうかが幅広く普及するためのポイントになるだろう。

レベル4はシンギュラリティ（技術的特異点：人工知能が人間の能力を超えることで起こる出来事）に達していると齊藤氏は考えている。たとえば、ネットスマイルが現在開発中のエンティティ・リコグニション（固有表現抽出）は英語と日本語のウィキペディアをすべてマスターしているので、もはやある分野では人間を超えている。

これはRPAも同じである。RPAは人間の数人〜数百人分の仕事をこなす。それによって、コストを現状の数分の1～数百分の1に下げることができ、そのために活用されるのだが、ある業務に特化しているため、人を超えるのはその業務に限定されている。

各国がしのぎを削る人工知能研究

いま現在でいえば、人工知能分野の研究で日本は世界の最先端から2周遅れぐらいの位置にいる。進んでいるのはアメリカと中国である。中国の強みは人工知能にモノを教えるアノテーター（人間の先生）が何十万人といる点で、中国政府が人工知能に力を入れてきた成果である。

今後、人工知能は、世の中を大きく変えていくだろう。しかしそれらはすべてGoogleの力で実現されるのか、といえばそうではない。少なくとも中国はそう考えている。しかも、中国語は英語と文法的には似ている面があるため、アメリカが開発した技術を比較的容易に利用できる点で日本より有利である。

しかし、ネットスマイルは日本で勝負しようとしている。そこには良かれ悪しかれ「日本語」という言語の壁があるからだと齊藤氏はいう。

「私は、Googleであっても、日本語への完全対応には時間がかかるとみている。日本には言語の壁のほかに文化の壁もあり、それが海外からの技術侵攻の防波堤となっている。国内向けの開発にとっては有利な点だといえる」

そのため、経済産業省や文部科学省もかなり力を入れて人工知能に注力しようとしているという。

２０１６年４月、理化学研究所内に新設された国内最大級の人工知能研究拠点「革新知能統合研究センター」では、総務省・文科省・経産省の３省が連携して人工知能技術の研究開発・社会実装に向けた取り組みを推進し、世界をリードする革新的な人工知能基盤技術の構築をめざしている。文部科学省が省を挙げて取り組んでいる政策「ＡＩＰプロジェクト（人工知能／ビッグデータ／ＩｏＴ／サイバーセキュリティ統合プロジェクト）」の中核となる統合研究拠点である。

同センターと一体的に連携して、人工知能やビッグデータ等の分野における独創的な若手研究者や、新たなイノベーションを切り開く挑戦的な研究課題を支援しているのが「科学技術振興機構」である。ここでは人工知能研究に関わる人材の起用を推進しているが、ここでも重要視されるのは「グローバルで通用する人材」である。

２０１５年末の同センターのセンター長人事で文科省は、その選定基準を「ＡＩに限るのではなく、情報技術全般に深い知見があり、グローバルで通用する人材に絞っている。加えて、いかに優秀な研究者を国内外から引っ張って来る実力があるかどうかがカギになる」としていた。研究員の約3割は海外から連れてきたいという方針があったからだ。

その結果、2016年4月、センター長には杉山将《まさし》東京大学教授（当時41）を充てる人事を固めた。杉山氏は、コンピュータに膨大なデータを記憶させて学習能力を持たせる機械学習など人工知能関連の気鋭の研究者として知られている。

ともあれ、国の重要研究拠点のトップとしては異例の若手抜擢になった。それだけ人工知能開発における日本の状況は逼迫しているということである。

必要なのは人工知能が皆の幸せになるというモデルケース

すでに述べたが、人工知能の進化にともなって、将来的にRPAにはさまざまなタイプの人材が必要になる。人工知能に学習させる人、人工知能自体をつくる人、人工知能をメンテナンスする人、人工知能の学習データをつくる人などである。そういった人たちに共通の知識や使い方を伝播する役割はRPAの品質保持のためにも重要で、協会では今後、独自の検定や資格制度の創設などを検討している。

また、人工知能というと、人工知能を使うことによって人の雇用が大幅に削減されるという恐怖感から入ってしまいがちだが、そこを恐怖ではなく、最終的にはそれが皆の幸せにつながるというモデルケースを示すことができればみんな安心して使えるようになるだろう。そうしたケースを協会ではつくっていきたいと考えている。

学術研究分野でも活用されるRPA

RPAは、企業で業務効率を向上させるだけでなく、アカデミックな領域でもその効果を発揮しつつある。

その1つの例として新改敬英《しんかいたかひで》氏の研究を紹介したい。

新改氏は、現在、九州大学大学院経済学府にて企業戦略・組織マネジメントの研究を行うかたわら、組織・人事領域の経営課題について首都圏の企業と共同研究を行っている。

新改氏が主に研究しているのは、「組織マネジメント」のうち「マクロ組織論」と呼ばれている領域で、「組織マネジメントと経営戦略」が主題だ。これとは別に、もう1つ進めている「サービスマネジメント」の研究で、RPAを使った研究論文を発表している。研究の方向性としては、現在、日本の国家的な課題になっている「サービス業の生産性の低さ」がなにに起因しているのかを解明し、その対応策を提案することにある。

このテーマで2016年に発表された研究が「『おもてなし』としての接客サービスは、日本のサービス業の競争力の源泉か?」だった。

RPA活用で明確になった「おもてなし」の驚愕の事実

今回のRPAを使った新改氏の研究は、日本が強いといわれている「おもてなし」がサービス業の利益向上に果たす役割に対して疑問を抱いたことからスタートした。

マーケティング用語では、顧客が「支払ってもよいと思う金額」を「WTP(Willingness To Pay)」という。この研究の目的は、ホテルの客室料金に対する顧客のWTPと、「ホテルが買わせたい料金(提供価値)」が、季節や立地、設備等の「条件」を要因として変化することを証明したうえで、そこに「おもてなし」がどう影響しているのかを明らかにすることだった。

その変動のイメージは株価のようなもので、各「条件」の変化にともなって上下する。「顧客のニーズとホテル側の思惑がぴったりとマッチしたポイントが、顧客が実際に支払う料金」だと定義した場合、それがそのホテルの「条件」に対する適正な価格であり、ホテルの価値を表すという研究結果を得るための実証である。

分析にあたって新改氏は、先行研究を参考に、一休ドットコムに対して検索した条件項目の「客室料金」「客室・アメニティ（快適性）」「接客・サービス」「食事」「立地」のうち、「接客・サービス」を「おもてなし」に、また「客室料金」を「提供価値」にそれぞれ仮定した。

分析の結果はなんと、日本のホテル・旅館業において顧客の総合満足度に対してもっとも影響力が強い要素は「おもてなし」すなわち「接客・サービス」ではなく「客室・アメニティ」だった。しかも、施設の客室料金に対して影響力が強いのは「食事」や「立地」「客室・アメニティ」であり、「接客・サービス」はむしろマイナスだった。さらにこの分析結果から、単純比較はできないものの、日本のホテル・旅館業のほうが、ニューヨーク州の同等クラスのホテルよりも「接客・サービス」が客室料金に与える割合が低い可能性が示唆された。

この分析結果から新改氏は、日本においては「接客・サービス」が「おもてなし」の主要な要素といえなくなってきているだけでなく、そのサービスを価格に添加できておらず、結果としてホテル・旅館業におけるサービスの生産性を低下させている可能性があるとしている。そして集計の結果、サービスよりも立地や設備の影響が大きいということが明らかになった。

当然、「サービス（おもてなし）」の影響が大きいとの評価もあったけれど、結果としてはサービスよりも立地や設備の影響が強かった。実は、この研究発表はホテルマンの前でも行ったのだが、不興を買うどころかむしろ共感を得た。彼らプロのなかでも「ホテルの価値でもっとも大きい要素は立地と設備」という意見が多く出たのである。

縦軸を「客室料金」、そして横軸を「おもてなし」にとるグラフを描いたときに、「おもてなし」は直線ではなく左から右に向かって一度下降し、その後上昇するという「U字型」のカーブを描くことがわかったのである。これについてはいろいろ考えたが、中途半端な「おもてなし」は逆効果なのではないかという結論に至ったという。

「おもてなしはやるなら突き抜けるぐらいに特化すべきで、それができないのであれば無人でサクサク機能的に応対したほうがいいのではないかということだ。それが私の新しい仮説になった」（新改氏）

1528軒のホテルの口コミデータ10万8880件を数時間で取得

ここで新改氏の研究スタイルについて述べておこう。氏はＷｅｂサイト上などでオープンになっているデータを幅広く集めてきて、「計量経済学」のモデルを活用して統計解析するという手法を取っている。さらに本研究では、データを分析して一般化するという手法を採用している。

研究を進めるなかで新改氏は、慶應義塾大学大学院経営管理研究科の恩師で「産業プロデュース論」を専門領域として、新産業創出に関わる研究を進めている岩本隆特任教授から、ＲＰＡテクノロジーズが提供していた「ビズロボ」を紹介され、これが研究論文にＲＰＡを使うきっかけとなった。

Ｗｅｂサイト上のデータは、すべてビズロボで取得することができる。そこで、ビズロボを使ってＷｅｂサイトを巡回させ、データを取ってくる作業をプログラミングした。プログラミングといっても簡単だ。ビズロボの設定画面で自分が調べたいＷｅｂサイトを開き、検索したい項目やページをクリックするだけで自動的にフローチャートができあがる。

ビズロボの働きぶりについて新改氏はかなり満足している。

「この研究では、日本のホテル・旅館を対象として、宿泊予約サイト『一休ドットコム』と『トリップアドバイザー（旅行者からの3億8500万件以上の口コミをチェックできる、世界最大の旅行口コミサイト）』の顧客評価情報をベースに定量分析する検証を行った。ホテルの口コミ情報で、評価された星の数と値段、ホテル名や地域などをすべて指定したら、ビズロボは私が眠っている間に収集し終えていた。朝起きたらCSVのデータができていて、それをすべてエクセルに流し込んだらリストができている状態だった」

しかもかかった時間は「たぶん3～4時間ぐらいだ」という。最終的に収集できたデータは、日本全国の1528軒のホテルに対して、口コミデータは10万8880件に及んだ。

サンプリングではなく全データを収集分析することの意義は大きい

定量分析では、一般的にはある一定のレベルまではデータの数は多ければ多いほど統計学的には正確な確率に結びつくといわれている。

しかし研究者は時間も費用も限られている。また、データの収集は手作業の場合も多く、一度の論文で集められるデータの数には限界が出てくる。そこで「サンプリング」や

「平均」という手法が用いられる。サンプリングは文字どおり、全データの母集団から必要数を抽出する方法、「平均」は平均値にまとめたデータで全体を予測する方法だが、これについて新改氏はあまり肯定的ではない。

平均にした瞬間にデータの正確性が損なわれるというのが新改氏の考えだ。たとえば5段階評価のアンケートを分析する場合、ある人が「5」を、またある人が「1」をつけたとする。本来両極端な2つのデータであるにもかかわらず、平均すると「3」という1つのデータになる。正確なデータとはいえなくなることから、ここで平均値を出す意味を感じないという。また、どのようなやり方でサンプルを取ればいいかという問題も浮上する。たとえば10万件あるデータから2000件を抽出したとする。その場合、抽出した2000件は10万件を正確に表しているのかという問題である。

そのため、研究発表では、〝サンプリングバイアス〟について聞かれることも多いという。サンプリングバイアスとは、母集団からサンプルを抽出した際のバイアス（偏り）のことを指す。論文や研究発表では、サンプリングバイアスをできるだけ排除するための工夫や質問に対するディフェンスも考慮する必要がある。個別の評価データをすべて集計し分析できれば、当然、研究結果そのものの説得力も平均を出すより強くなる。今回、新改氏はＲＰＡを使うことで、こうした「曖昧さ」を取り除くことができたとしている。

「もしRPAを使わなかったら、これはただの〝事例研究〟になっていたかもしれない。また、データ収集の量が多く、発表のたびに、最初の分析から進化させた、さまざまな切り口の分析ができることもRPA活用のメリットだ」と新改氏は語る。

Robotic
Process
Automation

第7章

日本型RPAの未来

経営資源が乏しいなかで醸成された独自の信念

明治維新以降の日本の発展の中心的原動力は、なんといってもメーカーの直接部門に象徴されるようなモノづくりと、その根底に根づく几帳面さ、勤勉さ、粘り強さだろう。他に類をみない繊細な感性が、日本人のＤＮＡに刷り込まれているのではないかという気さえする。だがそのモノづくりが勢いを失って久しい。さまざまな要因が背景にあるが、深刻な少子高齢化や労働人口の減少も間違いなくその一因である。

世界における日本の国力を考えると、まず人口規模の小ささは、物量の乏しさ、物流の脆弱さに直結する。中国やアメリカには圧倒的にかなわない。自然資源の乏しさはもとより、欧米人との体格の違いも歴然としている。言語（英語）の習得レベルの低さも課題だ。季節に富み美しい自然に恵まれてはいるが、寒冷地の厳しさや、地震・台風などの災害などがあり、見方によっては過酷な気候条件ともいえる。

では日本が他国に負けない、圧倒的に秀でているものを持っているとしたら何か。一説にはそれは、かつての錬成教育によって培われた独特の鍛錬の精神だという。最後の１秒最後の１ミリまで勝負をあきらめない粘り強さ、技芸や心身を鍛え細かいところにも決して手を抜かないたゆまぬ努力、とでもいえばいいだろうか。

歴史的にみれば、日本は一度も革命が起きたことがない奇跡の国であり、八百万《やおよろず》の神という独特な宗教観を持つ。なにごとも排除することなく、すべてのものを成立させようとするような価値観、風土がある気がしてならない。総合力で勝負しているともいえる。

効率だけをみて、儲からなければすぐやめるということもない。そこに道なり魂なりをみてしまうのが日本人だという気がする。百年企業や老舗が多く、そこに重みや価値を感じるのも日本ならではの感覚だ。そうした気風が決していいことばかりだと私は思わないが、事実として受け止めたときに、現代の日本企業の文化に絶えず通じる思想のようなものが浮かび上がってくる。

資源も、突出したものもないけれど、総合力で勝負しよう、人様に役立つことをしようという意識が、ファクトリーオートメーションのような技術を生んだのではないか。モノがないなかで暮らしの工夫を楽しむ、合理化しつつも細かいところにも神経を配る。そんな気質は、不思議と北欧の国々にもやや相通ずるように思うがいかがだろうか。

無人化志向ではなく属人化志向の日本型RPA

今後、間接部門の業務システムの構成を二層から三層へとグレードアップをはかっていくという点では、日本型RPAも欧米型RPAも同じといえる。ただ、その使い方という点では、日本型はいままで以上に独自路線を邁進していくだろうと私は予測している。

効率に加え、きめ細やかな対応や正確性も同時に成立させたいという発想の日本人は、やや無機質な無人化路線に抵抗感を感じやすい。戦後ゼロから出発して、世界的に優れたファクトリーオートメーションの技術で発展してきた歴史的経緯や、効率化をめざしながらも継続性を尊重し過激な変化を敬遠する国民性を鑑みれば、日本企業は間接部門の業務改善においても、直接部門の現場で醸成された属人的な様式を志向するだろう。

社会環境の視点からも、その傾向を裏づけることができる。今後ますます深刻になる労働人口の減少は企業の土台を揺るがし、足腰をおぼつかなくさせる。それでも資源や歴史を簡単に切り捨てたりせず、なんとか道を切り拓いていこうと考えるのが日本流といえよう。

そうした状況下でロボットの導入を検討するそもそもの動機は、労働力の確保にあると思えてならない。ロボットも頭数として考える。そのうえで、人の仕事を代行させることで、人の生産性をより高める。

ＲＰＡはもともと姿・形のみえないもので、本来それでなんら困ることはないのだが、日本人はキャラクター化したり名前をつけたり、わざわざ擬人化してしまう。それこそが、無人化をめざすのではなく、ともに働く仲間と捉えたい意識の表れではないだろうか。

中国でもＲＰＡへの関心が高まっており、私も訪中して企業の上層部に提案をしたことがあるのだが、トップが強い興味を持ち導入に前向きになるのに対し、現場の部長クラスの関心はそれに比して低い印象である。理由は簡単で、ＩＴ投資の歴史が浅い中国では最先端のシステムインフラのためシステム化にかかる投資費用が安価である。さらには、人件費がいまだ安価で、人手不足という問題に直面していない中国では、少なくともいまのところＲＰＡはそれほど渇望されない。裏返せば、これほどまでにＲＰＡに期待をかける日本は、労働力の減少に大きな不安を抱えているのだと改めてわかる。

モノづくりやＩＴで世界に勝てないなら世界中のいいものを使いこなせ

世界初の技術や斬新な発想で世界に誇るモノづくりを続けてきた日本が、完全に海外諸国に水をあけられるようになって久しい。他国で創造され話題になり始めたものを聞きつけては素早く取り入れるのが、いつしか日本の得意技になった。優れた人材の海外への流出も止まらない。ＡＩやコグニティブに飛びつくのはいいが、それらが日本の将来にどうインパクトを与えるのか、私たちは危機感を持って考えなくてはいけない。

人口減少によって一般企業ばかりでなく、地方自治体も存続の危機に直面しているなか、いまだ抜本的な解決策は生まれていない。政府はいまもって外国人労働者の受け入れ拡大を検討しているというが、人材の質・量ともに、間もなく突入する厳しい時代を乗り切れるレベルまでの解決の目途は立っているのだろうか。

日本の労働力不足問題に歯止めをかける策があるとしたら、それはＲＰＡだ。少なくとも外国人労働者ではない。皮肉にもこの過酷な状況は、テクノロジーの力を借りるという着想に日本人を気づかせる契機になるだろう。

雇用、介護、新たな事業創造。ＲＰＡは、あらゆる社会問題を解決する可能性を秘めた「概念」だ。世界に誇る技術の開発に躍起になっても、それで山積するこの国の社会問題が解決できるわけではない。求められているのは、困っている組織や企業に最適なソリューションを提供することである。そこに最先端の技術が必ずしも必要とは限らないし、ましてや自前の技術でなければいけない決まりなどない。

ならば目の前の問題に対処するために、世界中のいいものを寄せ集めて、使いこなして、デジタルレイバーを生み出すことがなにより有益だろう。デジタルレイバーには、マイナスをゼロどころか圧倒的なプラスに変える潜在力がある。マイナスをゼロに持っていくことすらままならない状態が続いている日本にとって、ＲＰＡは救世主になるといっても過言ではない。

「ＩＴでも解決できる」という声もあるかもしれない。しかしそれは投資対効果の面で妥当な策だろうか。初期費用で法外な額を支払い、それを上回るライセンス料を毎年払い続けなければならないのではないか。私には、馬鹿げた選択に思える。支配されてますます苦しくなるだけだろう。

ＲＰＡを誰でもいつでもすぐに使える環境を提供

ＲＰＡテクノロジーズが提供する「BizRobo!」は、日本のさまざまなユーザーの志向に合わせ、欧米・日本国内のさまざまなソフトウェア・テクノロジーを組み合わせて１つのソリューションとして構築している。とくに欧米の技術そのものは、優れているかもしれないが、そのまま日本に移管しただけでは、日本企業にとっての、その企業の業務プロセスにとっての、ひいてはそこで働く従業員にとっての最適なソリューションにはなり得ない。これまで繰り返し述べてきたように、欧米型のＲＰＡと日本型のＲＰＡとは大きく違うからで、ベースとなるさまざまなソフトウェアロボットの技術を、いかに「ジャパンナイズ」するかに我々は懸けてきたし、その成果は、導入企業数・ロボット数の急増と、問い合わせの殺到ぶりが象徴している。

併せて我々は、本来であれば数千万円のオーダーにもおよぶそのソフトウェアロボットを、１ロボットから効果が月ごとに「見える化」できる、数万円からお試し利用できる環境の提供も考えている。これからの取り組みとはなるが、普及の鍵を握る次世代のＲＰＡパーソンの育成のため、全国の高校生には無償、大学生以上にはアカデミック価格での提供も予定している。こちらも我々のジャパンナイズの現れである。

技術そのものやビジネスのライセンスなどにこだわるのではなく、現場の人のアイディアで発展するのが日本のＲＰＡだと私は思っている。最適なソリューションを導き出すのに、最先端の技術を待ったり、ベンダーに高いお金を支払ったりするのが当たり前だという固定観念をそろそろ捨ててほしい。

日本の企業では、現場の課長クラスがもっとも実情をよく理解していることが多い。良くも悪くも頑張っている。彼らのアイディア・知恵があれば十分なのだ。ファクトリーオートメーションもかんばん方式もセル生産も、みな現場で生まれてきた。古くから革命を一度も起こさず、戦術でなんとかしてきた日本らしいやり方ではないか。

個々の特性に合わせた属人的な手法・感覚こそが日本の強み

米国カリフォルニア州ナパバレー産のワインにはハズレがなく、どのワイナリーのものでもみな同じように美味しい。生産工程に極力テクノロジーを取り込み、人に依存しない標準化を志向しているからだ。同じワインでも、フランスならどうか。ある意味当然のことだが、同じ地方のワインでもワイナリーによって風味は異なる。フランスが属人性の国だからだ。

ひるがえって日本はどうだろう。そのどちらとも違っている。たとえば建築様式の場合、庭や月など自然と家を一体化して1つのデザインにしたり、桂離宮や兼六園のようにあとから少しずつつけ足したりしていくような発想が根底にある。むしろ全体構想を最初につくらないように努めている感すらある。

パナソニックのノート型パソコンは軽量に徹底してこだわっているが、そうした細かいところまでこだわり続ける気質は、日本人ならではのものである。さらにいえば、その気質は昔から生き続けている。40年前と現代では社会環境は大きく異なるが、日本人が根底に持つ気質は変わらないし、同様に40年後、技術や文化がどう進化していても、その気質は変わらないだろう。

ではもし、40年前にＲＰＡが存在していたら？　いまとは使われ方が全く違っていただろう。それは、ＲＰＡの使われ方が、置かれた社会環境に大きく左右されることを意味している。インドネシアでもＲＰＡは高く注目されているが、ＲＰＡに求められるものはおそらく日本の場合とは大きく違っている。

日本では、労働問題と介護問題という絶対にはずすことのできない、かつ絶対に克服しなければならない問題が立ちはだかっており、それがそのままＲＰＡのミッションになる。もう1つ忘れてならないのが、錬成の精神に根ざした芯の強さを活かした新事業の創造だ。前者は、社会のネガティブ事情に引っ張られて生まれたミッション、後者は、楽しい時代をつくっていくためのミッション。対照的だが、その両者が日本のＲＰＡ発展の原動力になっていくのは間違いない。

日本人の才能をより開花させる原動力

繰り返しになるが、ＲＰＡは人の仕事を奪う脅威ではない。ＲＰＡは、人々をルーティン業務から解放する。それは、日本人の才能をより開花させる原動力になる。楽しい未来をもたらしてくれる。「日本人らしさ」の定義も変わっていくかもしれない。そのように、ＲＰＡがもたらす変化は業務の改善や処理のスピードといった小さな話ではなく、企業、暮らし、社会、日本人といったあらゆる範疇に作用するものであり、それこそが私が「ＲＰＡ革命」と呼ぶゆえんである。

私は、多くの方々に、実際のＲＰＡユーザーの現場をみてほしいと思っている。どのユーザーも目的は別として、現場が本当に〝楽しい〟空間になっていることがわかっていただけると思う。

なぜ楽しいのか？

要するに、これまで人がやりたくない、面倒くさいと思っていた仕事を、24時間３６５日ロボットがやってくれるからだ。加えて、こうしたい、ああしたいという希望もロボットは簡単に試すことができる。まさに、人が本来やるべき、夢のある仕事に注力できるのだ。

これからの人の主な仕事は、「やりたいこと」を自ら表現することになると思う。つまり、夢をみる人・夢を描ける人が、そして多くの人の支持を集められる人が、求められる人材像になると思っている。

本当に楽しい時代に日々進化していく——。これからの日本が、私は楽しみでならない。

刊行に寄せて

経済産業省
サービス政策課長　佐々木啓介

ＲＰＡ革命の衝撃

私がＲＰＡの存在を知ったのは、日本ＲＰＡ協会立ち上げの直前だった。それまではこうしたソフトウェアロボットが世の中に存在することさえ知らなかった私は、省内の関係者から紹介を受け、同協会の幹事会社であるＲＰＡテクノロジーズ社を訪問した。その場でみせられたＲＰＡのデモンストレーションの衝撃はとても大きかった。

その後、早速この取り組みを上長に報告した。「ＲＰＡは第４次産業革命の目的に適ったものであり、我々がやるべき現場での生産性向上に資するものだ」と。そして、日本ＲＰＡ協会の設立にあたり経済産業省としてもしっかりＲＰＡの普及をサポートすべきだと提案し、議論を開始した。

私も含め、政府関係者、関係する有識者も、それまではロボットといえば物理的に動く機械的なロボットを想定していた。しかし、日本RPA協会の発足によってソフトウェアロボットという分野があり、ものづくりの世界だけではなく、ホワイトカラーの世界でも「ロボット」があることを知り、その概念が大きく広がった。

今後、アベノミクスをさらに前進させるなかにおいて、コグニティブやAIなどとともに、非常に重要で広がりのある技術としてRPAを視野に入れている。特に「第4次産業革命」と並び大きな柱となる「サービス産業の生産性向上」において、RPAの貢献が大きく期待されている。

世界に大きく羽ばたく日本発RPAをめざして

人口減少社会に突入し、需給両面で大きな課題を抱えている日本に対し、世界経済も主要国を中心に需要創出・潜在成長力が伸び悩む長期停滞を指摘され、先行きに不透明感が高まっている。しかし、これを乗り越えてアベノミクスがめざすGDP600兆円を実現するには、企業が豊富な内部留保を設備・イノベーション・人材などの未来への投資に積極果敢に振り向けることが不可欠だ。ロボットの活用もその重要な要素の1つである。

一方、巷で行われている第4次産業革命に関する論点では、一部でロボットが人を代行することに対して「私たちの仕事が奪われてしまう」という意見もある。確かに我々がいまやっている業務の一部が、ＡＩやロボットに置き換わることも事実としてあると思う。

しかし、現場が困窮しているのはまさに人手不足であり、ものづくりやサービスの現場に行くほど、その担い手がいないことが切実な悲鳴として我々の耳にも入っている。その意味でも日本にとってロボットが果たすべき役割は非常に大きい。

だからこそ日本ＲＰＡ協会には、日本から世界にＲＰＡを発信していただきたい。また「世界を取りに行く」という志向は通産省時代からの我々のＤＮＡでもあるので、ぜひ日本ＲＰＡ協会とも共有しながら、世界に大きく羽ばたく日本発ＲＰＡをめざしたい。

たとえば、インターナショナルＲＰＡアソシエーションといったような組織をつくって、その本部が日本にあってもいいかもしれない。そうすれば、情報や人材が日本に集まってくるだろう。あるいは、何がなんでも日本でということではなく、海外で成功して日本に逆輸入されるというパターンがあってもいい。そういった大きな夢を遠慮せずに語っていただきたいと思っている。

日本再生のための構造計画プロジェクトでＲＰＡが担うもの

日本ＲＰＡ協会が推し進めているＲＰＡとは、これまでのＩＴへの習熟度にかかわらず、すべての人に開かれた技術として、皆が活用することで付加価値や幸せをつかむことができる、そうした可能性を持っている技術であり、概念だ。

また、これをうまく社会で活用していただくために、ソフトウェアロボットを供給する側の立場だけではなく、利用する側の立場の関係者も参加することで日本RPA協会が成立している。

どちらか一方だと特定の利益を実現するための組織になるが、日本RPA協会が供給側と利用側の両方の側面を併せ持つことで、もう一段高い視点で社会のために自分達がどのように役に立てるのだろうかという議論をしている。その意味でも同協会の取り組みは非常に重要だと思っている。

我々も後手に回らず一歩先を行き、アベノミクスの成長戦略で掲げられたビジョンをPDCAで回し続けなければならない。そのためには、全体の政策のなかでの位置付けとアクションプランを、我々政策を担う側と実際の産業界とで常に議論しながら、PDCAを回して共有していくことが重要だ。

経済産業省では、東京オリンピック・パラリンピックに向け、「産業構造審議会2020未来開拓部会」を開催している。ターゲットイヤーの2020年。同年に開催予定の東京オリンピック・パラリンピックを契機に、21世紀型の新しい日本のあるべき姿とはどういうものかを再考し、国の産業構造や経営、働き方、教育をもう一度改革して、国として新しく生まれ変わろうという構造改革の提案だ。

審議会では、昨年から「モビリティ」「スマートコミュニティ」「ストレスフリー」「サイバーセキュリティ対策」「活力あふれる超高齢化社会」「イノベーション」「インベストメント」「ひとづくり・地方創生」「スポーツ・文化」の9つのプロジェクトの実行を掲げ、議論してきた。

さらに2016年秋から議論を再開し、プロジェクトを2つ増やして11個にしようとしている。1つは「地域・観光」、そしてもう1つが「ロボット」だ。そこには機械のロボットだけでなくソフトウェアロボットやRPAも位置付けられるべきではないだろうか。

経済産業省は今後、この日本再生の構造改革に資するRPAの推進について、日本RPA協会とターゲットイヤーや具体的な数値目標、政策目標を共有し、アクションロードマップをつくって進めていくことも視野に入れていく。そしてこのすばらしい取り組みであるRPAをできるだけ多くの人々に活用していただくために、会社単位はもちろん事業所や部署単位でも活用いただけるよう側面から支援する取り組みを進めたいと考えている。

【著者紹介】
大角　暢之（おおすみ　のぶゆき）
一般社団法人日本RPA協会 代表理事／RPAテクノロジーズ株式会社 代表取締役社長。
早稲田大学を卒業後、アンダーセンコンサルティング株式会社（現アクセンチュア株式会社）に入社。2000年オープンアソシエイツ株式会社を設立し取締役に就任、ビズロボ事業部を発足し、「BizRobo!」の提供を開始。2013年ビズロボジャパン株式会社（現RPAテクノロジーズ株式会社）を設立し代表取締役社長に就任。2016年7月一般社団法人日本RPA協会を設立し、代表理事に就任。

【監修者紹介】
佐々木　俊尚（ささき　としなお）
1961年兵庫県生まれ。作家・ジャーナリスト。毎日新聞社で記者を務めた後、月刊アスキー編集部を経て、フリージャーナリストとして独立。IT・メディア分野を中心に、執筆・講演活動を展開している。

RPA革命の衝撃

2017年 1月 5日　第1刷発行
2018年 5月15日　第8刷発行

著　者——大角暢之
監修者——佐々木俊尚
発行者——駒橋憲一
発行所——東洋経済新報社
〒103-8345　東京都中央区日本橋本石町 1-2-1
電話＝東洋経済コールセンター　03(5605)7021
https://toyokeizai.net/

装　丁…………中村勝紀
印刷・製本……藤原印刷

Printed in Japan　ISBN 978-4-492-96124-7